Clemens M. Hutter

Über den Gipfeln

Alpen aus der Vogelperspektive

VERLAG ANTON PUSTET

Clemens M. Hutter

Über den Gipfeln

Alpen aus der Vogelperspektive

VERLAG ANTON PUSTET

ALPENWELT
VERLAG

Impressum

Bibliografische Information der Deutschen Nationalbibliothek
Die Deutsche Nationalbibliothek verzeichnet diese Publikation in der Deutschen Nationalbibliografie; detaillierte bibliografische Daten sind im Internet über http://dnb.d-nb.de abrufbar.

Grafik, Satz und Produktion: Tanja Kühnel
Lektorat: Martina Schneider
Druck: Druckerei Theiss, St. Stefan im Lavanttal
Gedruckt in Österreich

ISBN 978-3-7025-0702-2

www.pustet.at

Autor und Verlag danken für die Unterstützung der Recherche zu diesem Band:

Archäologiemuseum Bozen
Bergrettungsdienst Prägraten, Osttirol
Bezirksarchiv Zell am See
Deutscher Alpenverein, München
Dr. Paulina Moroder, Gröden
Gemeinde Pettnau, Tirol
Gemeinde Sautens, Ötztal
Großglockner Hochalpenstraßen AG, Salzburg
Heinz Kröll, St. Jakob in Defereggen
Herta Ladstätter, Wien
Museum der Stadt Schwaz
Naturfreunde, Wien
Österreichischer Alpenverein, Innsbruck
Österreichischer Touristenklub, Wien
Südtiroler Alpenverein, Bozen
Univ.-Prof. Dr. Heinz Slupetzky, Salzburg
Vorarlberger Landesarchiv
Werner Pescosta, San Martin Gadertal

Inhalt

„Optisches Neuland" in ungewohnter Sicht

In grauer Vorzeit ermordete der Athener Erfinder Dädalus aus Neid Perdix, den Erfinder der Säge, und entzog sich und seinen Sohn Ikarus der Justiz durch die Flucht nach Kreta. Dort baute er für König Minos das Labyrinth für den Minotaurus. Damit das Geheimnis des Labyrinths gewahrt bleibe, verbot der König beiden, die Insel zu verlassen. Aber Dädalus ersann einen Fluchtweg: Der König kontrollierte zwar Land und Meer, nicht aber die Luft. Also klebte Dädalus Federn mit Wachs an ein Gestänge. Mit diesen Flügeln setzten Vater und Sohn zur Flucht an. Gut 250 Kilometer weit verlief der Flug problemlos, dann schwang sich Ikarus aus Übermut höher hinauf – und schon schmolz das Wachs seiner Flügel. Er stürzte ins Meer, das seine Leiche an eine Insel spülte, die der verzweifelte Vater „Ikaria" taufte.

Der Erfinder des Fliegens träumte von der Flucht und nicht von geradezu grenzenloser Rundsicht aus großer Höhe. Davon aber träumten alle, die Gipfel erst nur zu Fuß und dann mit „Aufstiegshilfen" bezwangen, um zu sehen, wovon ein altes Bergsteigerlied singt: „… was hinter den Bergen haust und wie die Welt so weit." Ein solches Panorama erschloss erst das Flugzeug. Diese Rundsicht aus der Vogelperspektive zeigen die Bilder fliegender Fotografen im vorliegenden Band: Man sieht noch weiter als von den höchsten Gipfeln, über hintereinander gestaffelte Bergketten bis zum Horizont und in Täler „hinter den Bergen". Die Panoramen gleichen einer dreidimensionalen Landkarte. Sie mag auf den ersten Blick verwirren, weil die bekannten Orientierungspunkte so an Prominenz einbüßen. Um die Übersicht in diesem „optischen Neuland" nicht zu verlieren, sind markante Punkte mit Namen versehen.

Der Betrachter der Bilder denkt vermutlich auch an Flucht – allerdings nur aus dem stressigen Trubel des Alltags. Zu diesem Schluss kam der Schweizer Anthropologe und Biologe Adolf Portmann: Zu den wichtigsten Aufgaben zähle, dem überzivilisierten und in seiner Second-Hand-gebauten Welt gefangenen Menschen die Begegnung mit der ursprünglichen Natur zu ermöglichen und so einen Ausgleich zu verschaffen. Und der Soziologe Karl Steinbuch riet dazu, den Menschen einen Ausweg aus der maßlosen Sturzflut von Informationen zu bieten.

In den Bergen bremst Entschleunigung die Hast. Da gilt ein Pinzgauer Spruch: „Wer schneller geht als ein Ochs, der ist ein Ochs." Statt massenhaft vorbeihuschender Bilder gleiten Einzelne beim Wandern langsam vorbei. Kurzum: In den Bergen erlebt man nicht nur Frischluft, Fitness oder Romantik, sondern einen anderen Rhythmus. Dieses Erlebnis mag sich auch einstellen, wenn man mit den Augen die Bilder dieses Bandes durchwandert – und immer wieder innehält.

Ferner Horizont, weites Blickfeld

Auf ebener Fläche begrenzt die Erdkrümmung das Blickfeld am geografischen Horizont. So kann man am ebenen Meer beobachten, wie Schiffe hinter dem Horizont abtauchen. Stünden einzelne Ostalpenberge allein auf einer Ebene, so ergäben sich theoretisch verblüffende Sichtweiten. Auf einem 1 000 Meter hohen Berg ist der Horizont 112 Kilometer entfernt und das Blickfeld beträgt 39 000 Quadratkilometer (= Vorarlberg, Tirol, Südtirol, Kärnten und Salzburg zusammen). Der wegen seiner Höhe „Zweitausender" genannte Gipfel in den Kitzbüheler Alpen eröffnet eine Sichtweite von 159 Kilometer und ein Blickfeld von 79 000 Quadratkilometer (= knapp die Größe Österreichs). Der mittlere Malteiner Sonnblick in Kärnten ist genau 3 000 Meter hoch und der östlichste Dreitausender der Alpen. Sichtweite 195 Kilometer und Blickfeld 119 400 Quadratkilometer (= gut die Fläche Bayerns und der Schweiz). Vom Ortler (3 906 m), dem höchsten Gipfel der Ostalpen, sieht man 225 Kilometer weit über ein Gesichtsfeld von 159 000 Quadratkilometern (= knapp die Fläche Bayerns und Österreichs). Den Gipfel der Tatra (2 655 m) sieht man gerade noch vom 300 Kilometer entfernten Großglockner. Das ist nur Theorie, weil andere Berge und Dunst selbst bei Brillantwetter den Blick zum geografischen Horizont verstellen.

Begrenzung der Ostalpen:
Die Begrenzung der Ostalpen wird in diesem Buch enger gefasst als die geografische Definition und bezieht sich auf Österreich, die bayerischen Alpen sowie den deutschen und ladinischen Sprachraum in Südtirol. Das entspricht auch der Erschließung durch alpine Vereine.
Abfolge der Bilder: Nordalpen von Ost nach West, Zentralalpen von West nach Ost und Südliche Kalkalpen von Ost nach West.

Die Alpen entstanden in Mega-Zeitlupe

Die Geschichte der Alpen reicht 270 Millionen Jahre zurück. Diese Zeitspanne überfordert unser Vorstellungsvermögen. Da hilft auch ein Vergleich wenig: 270 Millionen Jahre dauern 135000 Mal länger als die zwei Jahrtausende seit Christi Geburt.

Vor 270 Millionen Jahren bildeten Europa und Afrika noch eine geschlossene Landmasse mitten im „Urmeer". Das biblische Buch Genesis beschreibt die Erde als „wüst und leer", nachdem Gott Land von Wasser getrennt hatte.

Vor 220 Millionen Jahren begannen Europa und Afrika auseinanderzudriften, und zwar in Mega-Zeitlupe, die dem Wachstumstempo eines Fingernagels entspricht – etwa einen Millimeter pro Woche. Dabei senkte sich die Erdkruste, das „Urmeer" überschwemmte weite Landmassen und bildete das „alte Mittelmeer", genannt Tethys, auf dessen Grund sich im Verlauf von etwa 130 Millionen Jahren kilometerdick Kalk aus Organismen ablagerte.

Vor 90 Millionen Jahren rückten Europa und Afrika wieder aufeinander zu. Wachsender Druck begann die gequetschten Massen dazwischen übereinanderzuschieben und zu falten. So blieb 30 Millionen Jahre später von der Tethys nur mehr unser Mittelmeer übrig.

Vor 30 Millionen Jahren – also 15000 Mal die Zeitspanne seit Christi Geburt – drückte die afrikanische Kontinentalplatte derart stark gegen die nordeuropäische Platte, dass die Masse dazwischen in die Höhe auswich. So wuchs ein Gebirge, das der griechische Historiker Polybios für alle Zeiten „Alpes" taufte. Unter dem Druck der Kontinentalplatten platzte die in der Tethys abgelagerte kilometerdicke Kalkschicht und das harte Urgestein wuchs in die Höhe. Das Ergebnis: der Alpenhauptkamm aus Urgestein und parallel dazu im Norden und Süden die Kalkalpen. Sie enthalten als ehemaliger Meeresboden der Tethys harte Schalen von Meerestieren – Versteinerungen. Weil die Wissenschaft der Aufklärung diesen Vorgang noch nicht kannte, rätselten kluge Köpfe darüber, wie denn Meerestiere auf 2000 Höhenmeter über dem weit entfernten Meer gelangen konnten.

Ohne Erosion wären diese drei Gebirgsketten auf 12000 Meter Höhe angewachsen. Bis heute sprengt der Wechsel von Sonnenhitze und Winterfrost das Gestein, fräsen Gletscher Felsen weg, nagt Wasser an den Bergen, transportieren Bäche und Flüsse Schutt weit in das Flachland hinaus. Schließlich formten die Gletscher in vier Eiszeiten die meisten Täler und Bergflanken. Wie stark Wasser dem Gebirge zusetzt, dokumentieren die 12000 Jahre seit der letzten Eiszeit: Bäche fraßen Gräben in die Berge und lagerten das losgelöste Material in den Tälern als Schwemmkegel ab.

Die Mega-Zeitlupe der Bildung und Formung unserer Gebirge wird an einem Beispiel greifbar: Besäßen wir vor 500 Jahren aufgenommene Fotos der Drei Zinnen oder des Großglockner sowie heute vom exakt gleichen Standpunkt aus geschossene Bilder und legten wir diese deckungsgleich übereinander, so sähe nur ein scharfer Blick ganz geringfügige Veränderungen.

Anders betrachtet: Es vergingen 90 Millionen Jahre – 45000 Mal die Zeitspanne seit Christi Geburt –, bis sich der Grund der Tethys zu dem entwickelt hat, was der britische Bergsteiger Leslie Stephen 1871 „Playground of Europe" benannte. Gut hundert Jahre später veredelten Schwärmer diesen „Spielplatz" zum „Dachgarten Europas".

Leider ist die Idylle vergänglich, weil die afrikanische Platte ihren Druck gegen die skandinavische nicht einstellt. Das wird die Alpen binnen 20 Millionen Jahren um 3000 Meter in die Höhe treiben – wovon allerdings die Erosion das Meiste abnagen wird – und gleichzeitig an die 50 Kilometer nordwärts verschieben.

▲ Querschnitt durch das versteinerte Gehäuse von Schnecken, die vor 100 Millionen Jahren im alten Mittelmeer Tethys gelebt haben und bei der Hebung der Alpen auf dem Kärntner Dobratsch gelandet sind.

Schätze lockten die Menschen in die Alpen

An die 160 Millionen Jahre lang wirbelten das alte Mittelmeer „Tethys" und die Bewegungen der Kontinentalplatten Mineralien aller Art gründlich durcheinander. Und der Zufall verteilte diese Mineralien ziemlich ungleich, als die Alpen vor 30 Millionen Jahren langsam heranwuchsen.

Zum Sapiens wurde der Homo erst dank Verstand und Fantasie, weshalb er trotz häufigen Verstoßes gegen die Vernunft überlebte. Vor rund 8 000 Jahren wurden Menschen als Ackerbauern und Viehzüchter am Rand der Alpen sesshaft. Sie wagten sich auf der Suche nach dem Überlebensmittel Salz langsam in die abweisende Einöde des Gebirges vor und entdeckten im Lauf der Zeit auch die anderen Schätze der Alpen: das für Gerätschaften und Kunstwerke dem Stein weit überlegene Kupfer, den harten Werkstoff Eisen, das begehrte Münzmetall Silber sowie den Inbegriff von Luxus und Macht: Gold.

Der Abbau von Salz begann in Hallstatt vor rund 3 500 Jahren, erreichte um 1600 Jahreserträge von 24 000 Tonnen und in unserem Jahrhundert 230 000 Tonnen. Der Salzabbau in Hall in Tirol erbrachte an der Wende zur Neuzeit 16 500 Tonnen. Der Ertrag auf dem Dürrnberg bei Hallein kam um 1600 auf die Rekordhöhe von 35 000 Tonnen – zum Preis eines Holzstoßes von 1 mal 1 Meter Querschnitt und 250 Kilometer Länge. Holz bildete nämlich den einzigen Energieträger für Heizen, Kochen und Beleuchten, ehe das Eisenbahnzeitalter den Massentransport von Gütern ermöglichte, darunter auch der Kohle.

Vor gut 5 000 Jahren begann in den Alpen die Kupferzeit. Damals entstand auf dem Mitterberg bei Bischofshofen Europas ältestes prähistorisches „Industriezentrum", wie 160 entdeckte Schmelzplätze beweisen. Nach 2 000-jähriger Pause wuchs der Mitterberger Kupferbergbau zu einem der bedeutendsten Europas heran, erlag aber im 20. Jahrhundert der billigeren Konkurrenz. Auf beachtliche Blüte brachte es zu Beginn der Neuzeit der Abbau von Kupfer auch in Prettau im Ahrntal, im Raum Kitzbühel und in Schwaz.

◀ Innerkremser Eisenbergbau um 1580 im Winter: Bergleute fahren auf „Sackzügen" mit Hauwerk ins Tal, wo das Erz sortiert, auf Schlitten umgeladen und von Ochsen 15 Kilometer weit zur Verhüttung im Liesertal gezogen wird. Hunde laufen angeleint hinter den Sackzügen her, weil sie dann die leeren Säcke zurück zu Grube tragen müssen.

Hüttenberg an der Saualpe gilt als Kärntens „eisernes Herz", gewann allerdings schon in römischer Zeit kontinentale Bedeutung. Norische Metallurgen verbesserten sprödes Eisen zu ebenso elastischem wie hartem Stahl, indem sie durch Zufuhr von Sauerstoff den Gehalt an Kohlenstoff senkten. Dieser Stahl verschaffte den römischen Legionen unter anderem bei der Eroberung Galliens technisch überlegene Angriffswaffen. An der Wende zur Neuzeit übernahm allerdings der steirische Erzberg den Rang als Österreichs „eisernes Herz".

Mit dem Rekordergebnis von 15,6 Tonnen im Jahr 1523, somit 85 Prozent der mitteleuropäischen Produktion, stieg Schwaz zur Silberhauptstadt Europas auf. In der Blütezeit von 1470 bis 1569 holten bis zu 7 400 Bergleute insgesamt 923 Tonnen Silber aus dem Schwazer Falkenstein. Dagegen nehmen sich die 2,8 Tonnen Silber von 1557 in der Goldberggruppe eher bescheiden aus, doch sie waren lediglich „Beiprodukt" des Spitzenertrags von 867 Kilogramm Gold im „Goldenen Dreieck" zwischen Gastein, Rauris und Großkirchheim. Diese Menge entsprach etwa 10 Prozent der damaligen Weltgoldproduktion. Aus den Ostalpen stammten

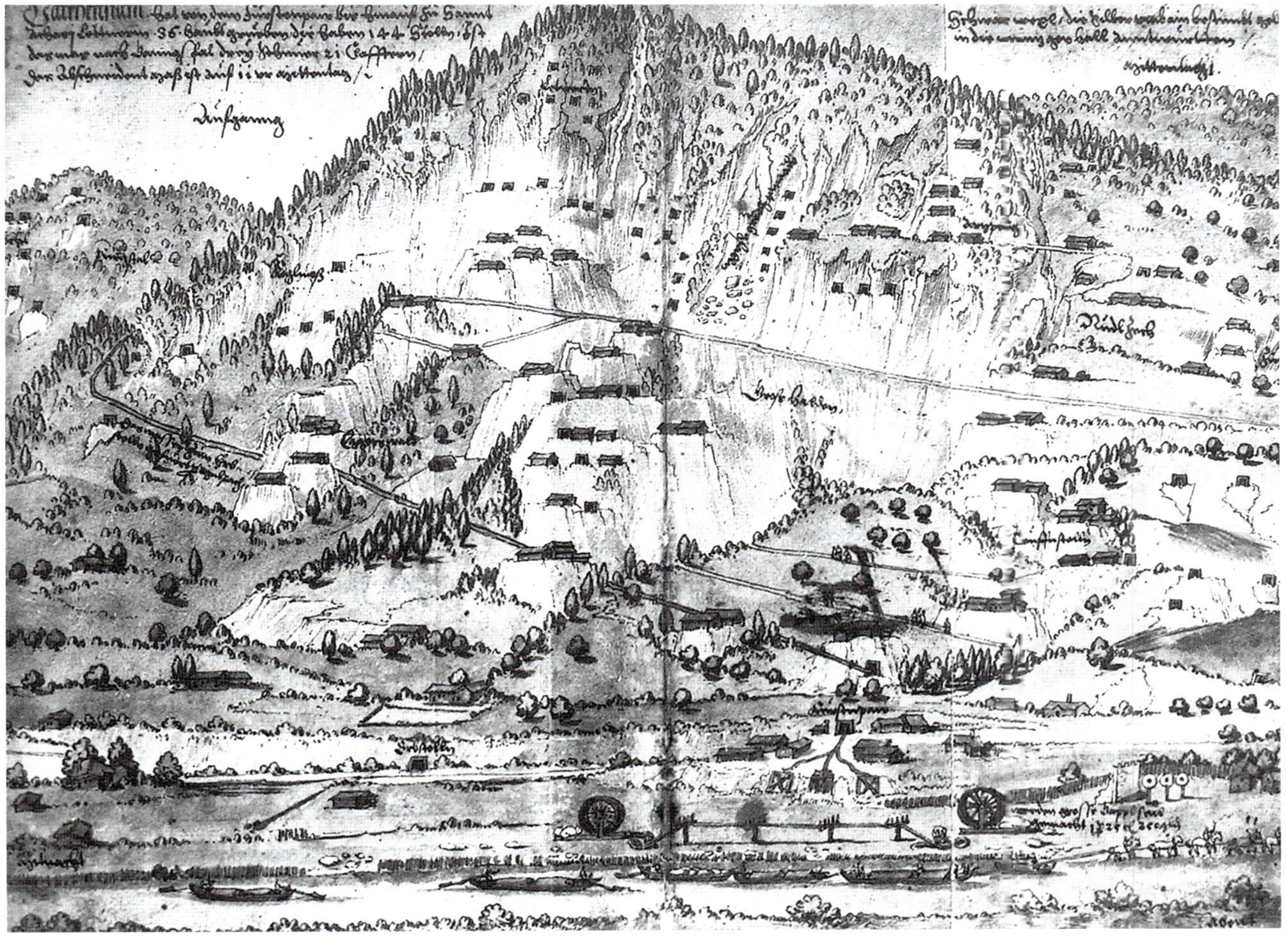

▲ Dieser Stich von 1556 zeigt Europas weitaus ertragreichsten Silberbergbau am Falkenstein bei Schwaz: Eingänge der 144 Stollen von zusammen 223 Kilometern Länge, riesige Abraumhalden sowie Unterkünfte für 6 900 Bergleute, Schmiede, Schmelzer, Köhler und Holzknechte. Im Talboden sind zwei Treträder zum Flechten starker Seile und im Inn mehrere Lastkähne erkennbar, die Erz zur Verhüttung vier Kilometer flussabwärts nach Jenbach und dann Lebensmittel und Betriebsmaterial zurück zum Bergbau transportierten.

auch beträchtliche Mengen des geschmacks- und geruchlosen „Giftes der Gifte" – Arsen. Damit trugen Grafen und Bauern Händel aller Art aus, als »poudre de succession« (»Erbschaftspulver«) wandten es ungeduldige Erben an, Rosstäuscher zauberten damit abgetriebenen Gäulen kurzfristig Glanz in das Fell und Fleisch zwischen die Rippen, Schwächliche kamen mit winzigen Dosen wieder zu Kraft, Syphilitiker wurden damit ihre »französische Krankheit« los. Mit Erträgen von bis zu 62 Tonnen jährlich trug das Arsen aus Rotgülden im Lungau in der Neuzeit zur Herstellung des venezianischen Muranoglases bei.

Wer „Marmor" hört, denkt an Carrara, Dome und Paläste. Darüber sollte man aber nicht die Marmorbrüche in Laas im Vinschgau und am Untersberg bei Salzburg vergessen. Am Untersberg bauten bereits die Römer Marmor für eine beachtliche „Industrie" ab, die zum Beispiel weit über 100 Mosaikböden damit herstellte.

Ein „Stein der Könige" von 42 Karat ziert die britischen Kronjuwelen. Er stammt wie auch die Zierde der Habsburger Reichsinsignien aus Europas einzigem Smaragdabbau im Pinzgauer Habachtal. Dieser Bergsegen ist leider längst erloschen. Hingegen finden Kenner in den Ostalpen den als Schmuckstück immer noch begehrten Bergkristall. Das europäische Rekordexemplar von 1 622 Kilogramm Gewicht entdeckten Kletterer 1965 in der Nordwand des Eiskögele in der Glocknergruppe. Dieses erlesene Prachtstück musste mit einem Hubschrauber geborgen werden und steht heute unversehrt im Salzburger „Haus der Natur".

1
2
3
4
5

Voralpen/Mondsee

Ungefähr auf der geografischen Breite von Mondsee steigt das Alpenvorland zu den Voralpen an. Vor rund 4000 Jahren siedelten an diesem See Menschen auf Pfahlbauten, 2000 Jahre später lebten hier romanisierte Kelten. Nach der Völkerwanderung wurde das 748 gegründete Kloster zum religiösen, kulturellen und wirtschaftlichen Zentrum des westlichen Salzkammerguts. Von der berühmten Mondseer Schreibschule und Buchmalerei blieb der „Tassilopsalter" vollständig erhalten, das um 788 geschriebene, älteste Buch Österreichs.

Zwischen dem Wolfgangsee (links hinten) und dem Fuschlsee (rechts hinten) ragt die Drachenwand auf. An den Kamm dieses senkrechten Felsens krachte einst der Teufel (oder ein Drache) und riss dabei das „Drachenloch" auf. Er hatte nämlich die Köchin eines Pfarrers geholt, weil sie heimlich Rahm von der Milch abgeschöpft und ihrem Dienstherrn verwässerte Milch serviert sowie an einem strengen Fasttag getanzt hatte. Doch die Frau schrie und tobte derart, dass der Teufel (oder der Drache) an Flughöhe verlor und mit seinem Opfer den Fels durchbohrte.

Blickrichtung Süden
1 Schafberg (1783 m) 2 Dachstein (2996 m)
3 Bischofsmütze (2458 m) 4 Bleikogel (2411 m)
5 Drachenwand (1060 m) 6 Schober (1328 m)
7 Schmittenstein (1696 m) 8 Hochkönig (2941 m)
9 Hoher Göll (2523 m) 10 Watzmann (2713 m)

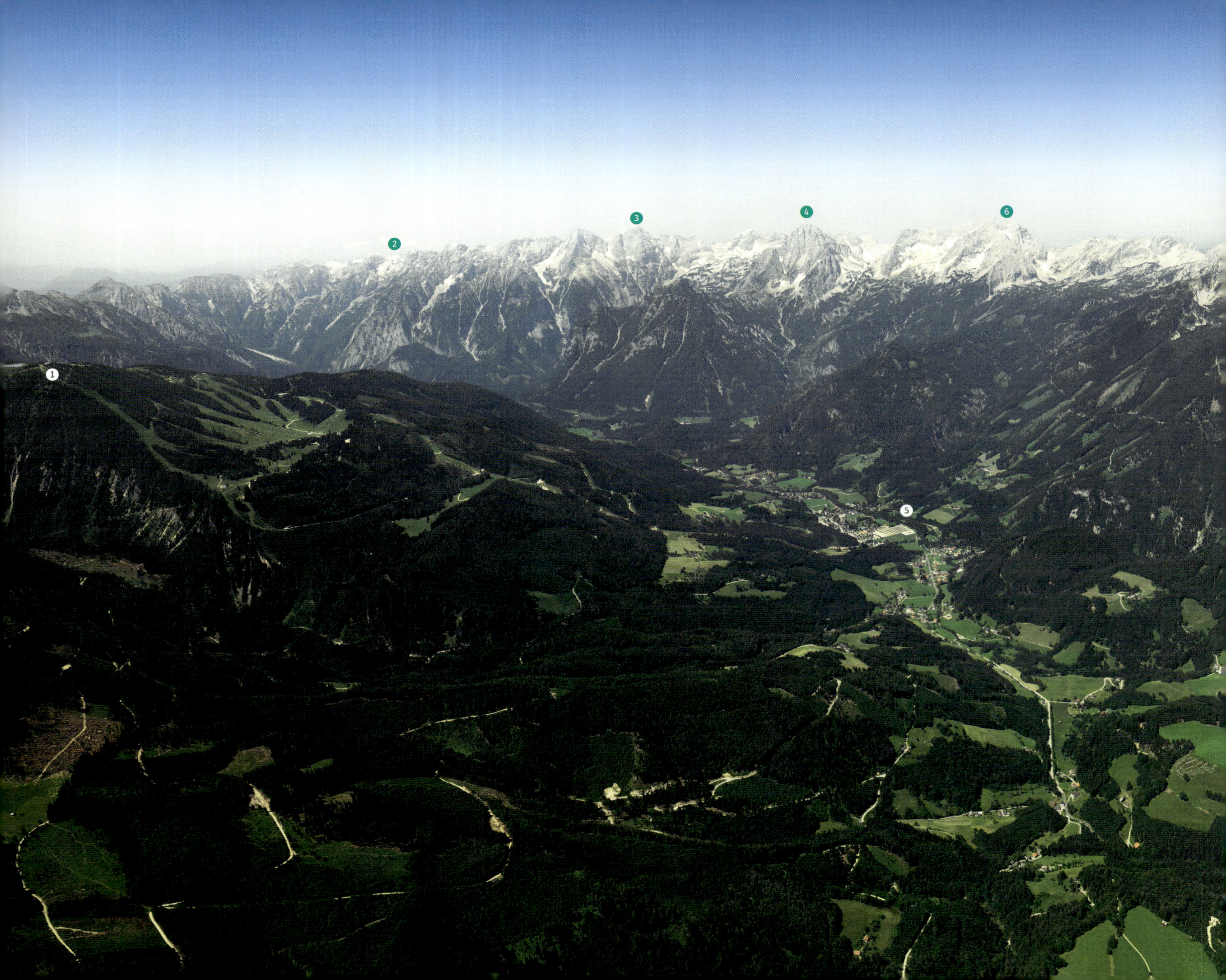
1
2
3
4
5
6

Kalkalpen/Totes Gebirge

Dieser Kalkstock zieht sich vom Salzkammergut ostwärts entlang der Grenze zwischen Oberösterreich und der Steiermark. Sein Name beschreibt treffend die verkarstete Hochfläche, auf der kaum Vegetation gedeiht. Wasser versickert nämlich nach Regen oder während der Schneeschmelze sogleich in ein weitläufiges System von Höhlen. Seit 1996 ist das Tote Gebirge Kernstück des Nationalparks Kalkalpen.

Die Quellen der Erstbesteigung des Großen Priel sind lückenhaft. Sie soll 1817 dem Grafen Sigmund von Engl und vier Jägern geglückt sein. Gesichert ist, dass der bergbegeisterte Erzherzog Ludwig 1819 den Priel bestiegen hat. Sieben Jahre später bezwang auch sein Bruder Erzherzog Johann, der es auf mehrere Erstbesteigungen gebracht hatte, diesen Gipfel.

Der Pyhrnpass (954 m, links außerhalb des Bildes) zählte schon in römischer Zeit zu den wichtigen Ostalpen-Übergängen. Das erklärt auch den Ortsnamen Spital am Pyhrn – ein „Hospiz" für Händler und Wanderer. Den wachsenden Verkehr zwischen Linz und Graz bewältigte zuerst 1905 die Pyhrnbahn mit einem 4,7 km langen Tunnel durch den Bosruck und dann 1986 die „Vorstufe" der Pyhrnautobahn mit einem 5,5 km langen Tunnel.

Blickrichtung Südwesten
1 Hösskogel (1853 m) 2 Dachstein (2996 m)
3 Hochkasten (2389 m) 4 Spitzmauer (2446 m)
5 Hinterstoder (599 m) 6 Großer Priel (2515 m)
7 Kleiner Priel (2138 m) 8 Traunstein (1691 m)

1
2
3
4
5

Dachstein / Hallstatt

Ohne die reichen Salzvorkommen in Hallstatt hätte sich vor 2500 Jahren an den abweisenden Steilufern des Hallstätter Sees nicht eine keltische Kultur entwickelt, die einer ganzen Epoche den Namen gab. Aus diesem See fließt die Traun noch 106 Kilometer durch das Salzkammergut und den Traunsee bis zur Donau.

In Bad Goisern schrieb der Schuhmacher und Bergführer Franz Neubacher 1875 ein wichtiges Kapitel der Alpingeschichte. Damit die Bergsteiger sicheren Tritt fassen, versah er die glatten Ledersohlen der Bergschuhe mit Nägeln und zudem entlang der Kanten mit rechtwinkelig gebogenen Flügelnägeln, damit die Sohle nicht seitlich beschädigt würde. Neubachers schwere „Goiserer" beherrschten den Markt, bis diese beschlagenen Sohlen nach dem Zweiten Weltkrieg langsam durch die 1937 entwickelten leichten und griffigen Profilsohlen aus Hartgummi verdrängt wurden.

Blickrichtung Süden
1 Koppenkarstein (2863 m) 2 Dachstein (2996 m)
3 Torstein (2948 m) 4 Plassen (1953 m)
5 Bischofsmütze (2458 m) 6 Großglockner (3798 m)
7 Hochkönig (2941 m)

1
2
3
4
5
6

Dachstein / Ramsau

Der Luftkurort Ramsau (1135 m) liegt auf einer Sonnenterrasse 300 Meter über dem Ennstal unter den Südwänden des Dachstein (2 996 m). Die Erstbesteigung dieses höchsten Berges der Steiermark und Oberösterreichs unternahm 1819 ein Salzburger Jäger im Auftrag Erzherzog Johanns vom Nordwesten her. Im „Gegenzug" glückte Ramsauern 1874 die Erstbesteigung der Bischofsmütze (2 458 m), an der zuvor Filzmooser und sogar Ampezzaner Bergführer gescheitert waren. Die Durchsteigung der Dachstein-Südwand gelang erst 1909.

Im Raum Schladming/Ramsau entstand bereits 1522 eine protestantische Gemeinde, weil der Bergbau auf Kupfer, Silber und Zink im Umfeld von Schladming – wie jeder Bergbau in den Ostalpen – internationale Kontakte begünstigte. Sächsische Bergleute brachten Luthers Lehre in das Ennstal. Zur Zeit der Gegenreformation verbot die Obrigkeit 1598 das „Luthertum", doch die „Geheimprotestanten" feierten ihre Gottesdienste in Ställen. So bewahrten sie ihren Glauben bis zum kaiserlichen Toleranzpatent von 1781.

Blickrichtung Norden

1 Rötelstein (2 247) 2 Bischofsmütze (2 458 m)
3 Torstein (2 948 m) 4 Dachstein (2 996 m)
5 Ramsau (1135 m) 6 Eselstein (2 556 m)
7 Krippenstein (2 109 m) 8 Speikberg (2 125 m)

1
3
2

Dachstein/Gosaukamm

„Hoch vom Dachstein an" südostwärts bis zur Save bemisst die steirische Landeshymne die Größe der „grünen Mark". Hingegen fließt „hoch vom Dachstein" nordwestwärts der Gosaugletscher nach Oberösterreich. Diesem Gletscher setzt der Klimawandel sichtlich zu.

Vor dem oberösterreichisch-steirischen Grenzgipfel Dachstein ragt die Bischofsmütze aus dem schroffen Gosaukamm. Wenig Wunder somit, dass diese Kalkkette – wie die Kalkkögel im Stubai – zum Vergleich mit den Dolomiten anregt. Immerhin heißt die Straße durch das obere Lammertal auch „Salzburger Dolomitenstraße".

Dieses Bild dokumentiert auch, wie zarter Dunst im Sommer die Konturen der Berge zu Kulissen staffelt, weil Gegenlicht diesen Dunst aufhellt. Daran erkennt man die Lage des Hallstätter Sees (links), des Tals von Bad Mitterndorf (darüber) und des Ennstals (rechts).

Blickrichtung Südosten
1 Warscheneck (2388 m) 2 Zwieselalm (1587 m)
3 Grimming (2351 m) 4 Dachstein (2996 m)
5 Bischofsmütze (2458 m) 6 Rötelstein (2247 m)

1
2
3

Kalkalpen/Lammertal

Dem weiten Becken von Abtenau am Fuß des Tennengebirges sieht man nicht mehr an, dass hier von ca. 1000 bis 1250 eine grundlegende Kulturarbeit geleistet wurde, nämlich die Rodung von Wäldern in einem schwer zugänglichen und unbewohnten Tal, um Landwirtschaft zu ermöglichen. Wesentlichen Anteil daran hatten die Benediktiner von St. Peter in Salzburg, denen der Fürsterzbischof von Salzburg 1124 die bereits gerodete Fläche „Appanowe" überantwortete – das heutige Abtenau, wo bis in die Gegenwart Benediktiner als Seelsorger wirken.

Das ausgeprägte Hochplateau des karstigen Tennengebirges misst knapp 60 Quadratkilometer und steht unter Naturschutz – auch weil sich in Dutzenden Höhlen dieses Gebirges Wasser sammelt. Während der Schneeschmelze oder nach schweren Regenfällen fließt Wasser in „temporären Wasserfällen" ab. Deshalb gilt das Tennengebirge auch als beinahe unerschöpfliches Wasserreservoir, falls im Salzachtal bis Salzburg der Wasserbedarf weiter ansteigen sollte.

Blickrichtung Südwesten
1 Fritzerkogel (2360 m) 2 Bleikogel (2411 m)
3 Wiesbachhorn (3564 m) 4 Hochkönig (2941 m)
5 Schönfeldspitze (2653 m) 6 Hundstod (2593 m)

1
2
3
4
5
6
7
8

Voralpen / Postalm

Gäbe es im Salzkammergut keinen Salzbergbau, dann stünde auf dem Hochplateau der Postalm noch immer Wald. Die Salinen im Salzkammergut verbrauchten um 1700 jährlich rund 100000 Kubikmeter Holz – einen 100 Kilometer langen Holzstoß von je 1 Meter Höhe und Breite. Weil das die Kapazität der Wälder des Salzkammerguts heillos überforderte, ging es den Wäldern auf der Postalm derart ans Holz, dass in Höhen zwischen 1100 und 1600 Meter die mit 46 Quadratkilometern Fläche größte Alm Österreichs entstand, auf der bis zu 10000 Stück Vieh den Sommer verbrachten. Heute grasen auf der Postalm immer noch 2000 Rinder, die diesem touristisch sehr gut und behutsam erschlossenen und daher beliebten Erholungsgebiet zusätzlichen Reiz verleihen. Die Postalm begrenzt im Osten die Osterhorngruppe zwischen Wolfgangsee, Salzachtal und Lammertal – Grasberge und Erholungsraum im Nahbereich der Stadt Salzburg.

Blickrichtung Westen

1 Braunedlkogel (1894 m) 2 Hochkönig (2941 m)
3 Schönfeldspitze (2653 m) 4 Schwarzerberg (1585 m)
5 Watzmann (2713 m) 6 Göll (2523 m),
7 Trattberg (1757 m) 8 Rinnkogel (1823 m)
9 Schmittenstein (1696 m) 10 Untersberg (1972 m)

1
2
3
4
5
6
7
8

Kalkalpen / Werfen

Zwischen Werfen und Golling zwängen sich Salzach, Eisenbahn und Tauernautobahn durch den engen Pass Lueg, der die Kalkalpen durchschneidet. Damit der Nachschub an Holz für die Halleiner Salinen durch die bis zu 3 Meter enge und 500 Meter lange Salzachschlucht gelangen konnte, wurden die Stämme auf circa 2,5 Meter kurze „Drehlinge" zersägt. Seit dem 16. Jahrhundert ließen sich „Salinenknechte" in die bis zu 60 Meter tiefe Schlucht abseilen, um Verklausungen mit langen Stangen aufzulösen. Diese „Knechte" wurden nach dem Felssturz des Mönchsbergs in Salzburg 1669 (220 Tote) zum „Putzen" des lockeren Gesteins an den Salzburger Stadtbergen eingesetzt. Heute verrichten „Bergputzer" diese weltweit einzigartige Arbeit.

Den Handelsweg durch das Salzachtal sichert seit dem Mittelalter die Festung Hohenwerfen auf einem 113 Meter hohen Felskegel an der Engstelle des Tales. Die Attraktion dieser Gegend ist aber die 1879 im Tennengebirge entdeckte Eisriesenwelt, die mit 42 Kilometern erforschter Länge die größte der Welt ist.

Blickrichtung Norden
❶ Watzmann (2713 m) ❷ Kahlersberg (2350 m)
❸ Staufen (1771 m) ❹ Göll (2523 m)
❺ Untersberg (1972 m) ❻ Eisriesenwelt (1640 m)
❼ Hochkogel (2289 m) ❽ Werfen (548 m)

Holz – Energieträger und Baustoff

Ehe die Eisenbahn ab Mitte des 19. Jahrhunderts den Massentransport von Kohle ermöglichte, blieben Menschen, Gewerbe und Bergbau auf den Energieträger Holz für Heizen, Kochen, Beleuchten und Schmelzen angewiesen. Wie sehr das den Wäldern zusetzte, dokumentieren bereits die ersten Waldordnungen aus dem 14. Jahrhundert. Sie regelten das Schlägern und schrieben zum Beispiel vor, dass bei Kahlschlägen Baumreihen in Abständen von 30 bis 50 Meter belassen werden mussten, damit ein „Samenanflug stattfindet". Die Sorgen der Landesherren drehten sich vor allem darum, dass der riesige Holzbedarf des Bergbaus auf Metall und Salz gedeckt würde und die Einkünfte sicherstellte. Das erklärt, warum Waldordnungen schnellwüchsiges Holz – Fichte, Lärche – begünstigten, dessen man auch in der Bauwirtschaft bedurfte. Als Folge entstanden besonders in Bergbaugebieten „Fichtenmonokulturen".

Zwar deckte das Gewerbe der Köhler ab dem 14. Jahrhundert den Bedarf an veredeltem „Industrieholz", aber verkohltes Nadelholz liefert nur zu rund 40 Prozent Energie, ändert also am Holzverbrauch sehr wenig.

Die Bauwirtschaft benötigte geradewüchsiges Holz für aufwendige Dachstühle von Kirchen und herrschaftlichen Häusern sowie für die bäuerlichen Blockbauten. Das klassische Beispiel dafür ist der oberbayerisch-tirolerische Hof: Das Erdgeschoß gemauert, daher weniger für Nässe anfällig, und darüber Blockbau mit querliegenden Balken, die

▲ Hervorragende Zimmermannsarbeit gewährleistet seit alters her – sogar mit Holznägeln – die Stabilität von Stadeln.

man auch für Zwischenwände und zur Sicherung der Böden benötigte. In Zeiten von „Holznot" verbot die Obrigkeit sogar den Neubau von Blockkonstruktionen, falls der Altbau noch bewohnbar zu sein schien. Balken (und Holznägel!) wurden auch zum Bau stabiler Stadel verwendet, wie das Bild auf dieser Seite belegt – und die Meisterschaft der „Zimmerer". Der Massentransport von Kohle entlastete zwar die Wälder erheblich, aber noch ahnte man den Preis dieses Fortschritts nicht: zunehmende Belastung der Luft und der Umwelt.

1
2
3
4
5
6
7
8

Kalkalpen / Königssee

Erst aus gut 3000 Metern Höhe überblickt man den gewaltigen Rahmen des Königssees: links das Hagengebirge, dahinter der Hochkönig, dann nach rechts das Steinerne Meer bis zum Hundstod und im Vordergrund Reste des weitgehend abgeschmolzenen Watzmanngletschers. Hinter dem Südende des Königssees erhascht das Auge noch einen Zipfel des Obersees und davor St. Bartholomä auf einem Schwemmkegel, den die Erosion der Watzmann-Ostwand im Lauf von Jahrtausenden aufgeschüttet hat. In diesem kleinen Wallfahrtsort endet alljährlich die Pinzgauer Wallfahrt, die links am Breithorn vorbei und durch die steile Saugasse (vor dem Breithorn) hinunter zum Ziel führt.

Der Königssee ist das landschaftliche Glanzstück des 1978 gegründeten und 210 Quadratkilometer großen Nationalparks Berchtesgaden. Ringsum stehen steile Kalkriesen, die den See bis zu 2100 Höhenmeter überragen. Das erklärt auch die Attraktivität des einzigen alpinen Nationalparks in Deutschland.

Blickrichtung Süden

❶ Ankogel (3252 m) ❷ Hochkönig (2941 m)

❸ Selbhorn (2643 m) ❹ Schönfeldspitze (2653 m)

❺ Breithorn (2504 m) ❻ Kitzsteinhorn (3203 m)

❼ Hundstod (2593 m) ❽ St. Bartholomä (605 m)

Und die Moral aus der Geschicht' ...

Sagen deuten Geschichte oder Geschichten fantasievoll in moralische Nutzanwendung um: unweigerlich eine Strafe Gottes für liederliches Leben und Hartherzigkeit oder Lohn für gottgefälliges Verhalten. Einst terrorisierte König Waze mit seiner Frau und seinen Kindern das Berchtesgadener Land. Als ihm einmal eine arme Bauernfamilie im Weg stand, ritt Waze sie einfach nieder. Da fluchte die Bäuerin, Gott möge ihn und seine Familie zu Stein verwandeln. Plötzlich tat sich die Erde auf, spuckte Feuer und versteinerte die königliche Familie. Seither bilden der Watzmann, seine Frau und beider Kinder die Kulisse Berchtesgadens.

Die gleiche Strafe ereilte die ebenso reiche wie geizige Riesenkönigin Hitt in Innsbruck. Einmal erbat eine Bettlerin kniefällig ein Stück Brot. Stattdessen reichte ihr die Königin vom hohen Ross einen Stein. Die Bettlerin verfluchte Königin Hitt, die sogleich samt ihrem Pferd versteinerte und seither auf der Nordkette als weithin sichtbare Warnung aller Hartherzigen büßt.

Zlatorog, der weiße Gamsbock mit den goldenen Krucken, hütete einst auf einem prächtigen Almboden des Triglav seine Herde und einen im Berg verborgenen Goldschatz. Ein habgieriger Jäger machte sich auf die Jagd nach Zlatorog, denn dessen goldene Krucken dienten als Schlüssel zum versperrten Goldschatz. Der Jäger schoss auf den Gamsbock, doch aus seinem Blut wuchs urplötzlich eine Wunderblume, die Zlatorog gerade noch erhaschte und auf der Stelle genas. In rasendem

▲ Watzmann.

Zorn tötete der Bock den Jäger, verwüstete die herrliche Alm und verschwand auf Nimmerwiedersehen. Von der Alm blieb nur mehr das Kalkmassiv des Triglav, in dem noch immer der Goldschatz liegt.

Vorwiegend in Osttirol tauchten einst kleinwüchsige Männer auf, in schwarzen Samt oder in Lumpen gekleidet. Mit „Bergspiegeln" suchten sie im Gebirge Gold, Silber und Edelsteine. Wer ihre Freundlichkeit erwiderte, dem widerfuhr unverhofft Glück, wer ihnen barsch gegenübertrat, den traf ein Unglück. Weil sie Italienisch sprachen, hießen sie „Venedigermandln", die ebenso geheimnisvoll auftauchten wie sie wieder verschwanden. Moral: Begegne einem Fremden immer freundlich, es könnte ein Venedigermandl sein. Diese Sage wurzelt in venezianischer „Realpolitik": Ab Ende des 15. Jahrhunderts schickten die Dogen „Spione" auf die Suche nach Bodenschätzen in die Alpen.

1
2
3
4
5
6
7

Karstflächen, Höhlen und ein „Plateaugletscher"

So abweisend sehen die karstigen Hochflächen zwischen Steinernem Meer und Tennengebirge aus 6 000 Meter Höhe aus. Da reicht der Blick über Salzburg (hinter dem Untersberg) weit in das Alpenvorland hinaus. Jenseits des Watzmann liegt Berchtesgaden, der Königssee schneidet in die Kalkberge hinein, das Hagengebirge zieht parallel zum Blühnbachtal nordostwärts direkt auf das Tennengebirge zu.

Diese Kalkbarriere, die sich nach Westen zu den Leoganger und Loferer Steinbergen fortsetzt, liegt quer über dem Land Salzburg und erklärt, warum sich für den Pongau und den Pinzgau der alte Begriff „Innergebirg" wieder eingebürgert hat. Bis heute ist „Innergebirg" von „Außergebirg" ohne Umweg nur durch die engen Schlupflöcher Pass Lueg und Pass Luftenstein bei Lofer erreichbar.

Die kahlen Karsthochflächen im Raum zwischen Steinernem Meer und Tennengebirge liegen am Nordrand der Alpen und führen deshalb besonders anschaulich den Kreislauf des Wassers vor Augen. Im Bereich der Nördlichen Kalkalpen herrscht vorwiegend Nordwestwetter. An diesem Gebirgszug stauen sich dann Regenwolken, die ihre Fracht im Alpenvorland und im Kalkgebirge abladen, weshalb auch die Regenwolken nicht immer das Innergebirg erreichen. Wasser löst langsam, aber konstant Kalkgestein und versickert schnell. So entstehen Höhlen, Gänge und unterirdische „Bäche", die zeitverzögert in tiefen Lagen als Quellen austreten – als Bächlein oder auch als Wasserfall. In längeren Trockenperioden versiegen diese Quellen. Andererseits sammelt sich Wasser auch in Höhlen. Deshalb steht das Tennengebirge unter strengem Naturschutz, weil es für den wachsenden Großraum Salzburg als „Wasserreserve" dienen kann, falls der karstige Untersberg den Bedarf nicht mehr decken sollte.

Eine Tücke der Karstflächen sind besonders von Latschen verwachsene oder im Winter verschneite Dolinen. Sie entstehen, wenn Höhlen nahe der Oberfläche einstürzen. Dann klaffen trichterförmige „Löcher", die tief in das Gebirge hineinreichen. Wassermangel erklärt die dürftige Vegetation auf Karstflächen und die Härte der Almer Wallfahrt, die durch die Senke (links) über das Steinerne Meer zum Königssee führt: Unterwegs durch die „Steinwüste" gibt es keine Quellen.

Eine Rarität ist die „Übergossene Alm" am Hochkönig: Ein „Plateaugletscher", der nicht fließt und daher keine Spalten aufreißt. Er schmolz seit 1890 von 5,5 auf knapp 1,5 Quadratkilometer zusammen und ist daher kaum noch zu erkennen. Das ist der Rest des „Ewigen Schneebergs", wie die Einheimischen einst den Hochkönig nannten.

Blickrichtung Nordosten
1 Salzburg (425 m) 2 Untersberg (1 972 m)
3 Watzmann (2 713 m) 4 Königssee (600 m)
5 Göll (2 523 m) 6 Steinernes Meer, 7 Hagengebirge
8 Tennengebirge 9 Hochkönig (2 941 m)

1
2
3
4
5

Kalkalpen und Grasberge

Die Fahrt durch das enge Salzachtal zwischen Zell am See und Schwarzach lässt nicht vermuten, dass ein Stockwerk höher an den Grasbergen Salzburgs Sonnenterrasse liegt, auf der bereits Kelten und Römer siedelten. Mehrere erhaltene Gedenk- und Grabsteine dokumentieren es. Jenseits dieser Grasberge ragen die Kalkfelsen des Hochkönig und des Steinernen Meeres auf.

Höchster Gipfel dieser Grasberge ist der Hundstein, dessen Name auf erloschenen Bergbau verweist, denn zum Abtransport des Hauwerks brauchte man kleine Wagen, die „Grubenhunte". Der Hundstein ist für Pongauer und Pinzgauer fast so bedeutend wie der Olymp für die Griechen. Denn dort ermitteln Männer und Buben seit Ende des Mittelalters alljährlich beim „Hagmoar-Ranggeln" den gewandtesten Ringer, der in seiner Heimat so viel gilt wie ein Olympiasieger. „Hagmoar" setzt sich aus „Hag" (Zaun) und Moar (= Maier, mhd. für „Aufseher") zusammen und bedeutet sinngemäß „Chef am eingezäunten Platz".

Blickrichtung Norden
❶ Birnhorn (2634 m) ❷ Hundstein (2117 m)
❸ Breithorn (2504 m) ❹ Schönfeldspitze (2653 m)
❺ Selbhorn (2643 m) ❻ Hochseiler (2793 m)
❼ Hochkönig (2941 m) ❽ Taxenbach (779 m)

1
2
3
4
5
10

Kalkalpen/„Steinberge"

Der Bahnbau über den Pass Grießen (976 m) erschloss 1875 das Leoganger Tal zwischen Hochfilzen und Saalfelden dem Tourismus. Im Örgenkessel, der sich jenseits des Tales vom Birnhorn durch eine schottrige Rinne herabzieht, blühte ab 1884 fast drei Jahrzehnte lang ein eigenartiges Gewerbe. Die Lawinen vom Birnhorn bildeten damals im Örgenklessel noch das „Birnbachkees" – einen kleinen Gletscher, der allerdings längst abgeschmolzen ist. Münchner Wirte brauchten im Sommer dringend Eis für ihre Kühlkammern, weil das im Winter aus den oberbayerischen Seen geschnittene Eis nicht so lange vorhielt. Unterhalb des Birnhorn wurden sie fündig. Sie engagierten bis zu 100 Einheimische, die im Sommer aus diesem Gletscher Eisblöcke schnitten, auf einer 1,6 Kilometer langen Holzrutsche in das Tal schickten, dort gut verpackten und zum vierstündigen Versand nach München in die Bahn umluden – pro Jahr bis zu 1000 Waggonladungen. Der Kühlschrank beendete dieses Geschäft.

Blickrichtung Nordosten
❶ Loferer Steinberge (2511 m) ❷ Birnhorn (2634 m)
❸ Reiter Alpe (2284 m) ❹ Hochkalter (2607 m)
❺ Watzmann (2713) ❻ Göll (2523 m) ❼ Schönfeldspitze (2653 m)
❽ Totes Gebirge (115 km entfernt) ❾ Saalfelden (744 m)
❿ Leogang (788 m)

1
2
3
4
5

Kalkalpen/Fieberbrunn

Fieberbrunn, der Hauptort des Pillerseetals, verdankt seinen Namen Tirols Gräfin Margarete, die wegen ihrer komplizierten Partnerschaften „Maultasch" genannt wurde – „liederliches Weib". 1354 befiel sie auf der Durchreise Fieber, doch sie genas schnell, nachdem sie aus einer Schwefelquelle im Tal getrunken hatte.

Den entscheidenden Schub zur wirtschaftlichen Entwicklung bekam das Pillerseetal 1875 durch den Bau der Bahn, die Hochfilzen (Filz = Moor) an der Grenze zu Salzburg Abbau und Verwertung von Magnesit ermöglichte. Seit dem 19. Jahrhundert besteht an diesem höchstgelegenen Ort des Tales (959 m) ein Truppenübungsplatz. Das Militär belebte wieder den alten Brauch der „Rösserwallfahrt" nach Kirchenthal. Mit etwa 40 Haflingern pilgern Soldaten über den Römersattel zwischen Loferer und Leoganger Steinbergen in sechs Stunden 17 Kilometer weit zum Pinzgauer Wallfahrtsort.

Blickrichtung Nordosten
1 Chiemsee (518 m) 2 Hochgern (1748 m)
3 Steinplatte (1869 m) 4 St. Ulrich am Pillersee (847 m)
5 Reifhorn (2488 m) 6 Ochsenhorn (2511 m)
7 Häuselhorn (2284 m) 8 Hirschbichl (1183 m)
9 Hochkalter (2607 m)

Gefürchtet, gemieden, erforscht

Seit dem Altertum empfanden die Menschen die Alpen als leidiges Verkehrshindernis quer durch Europa. Sie scheuten dieses unwirtliche Gebirge: ein Hinterhalt tückischer Gespenster, verwunschener Geister, mörderischer Ungeheuer und bösartiger Hexen. Wer sonst braut in den Alpen Gewitter, Hagel, Muren, Lawinen, Hochwasser oder Steinschläge zusammen?

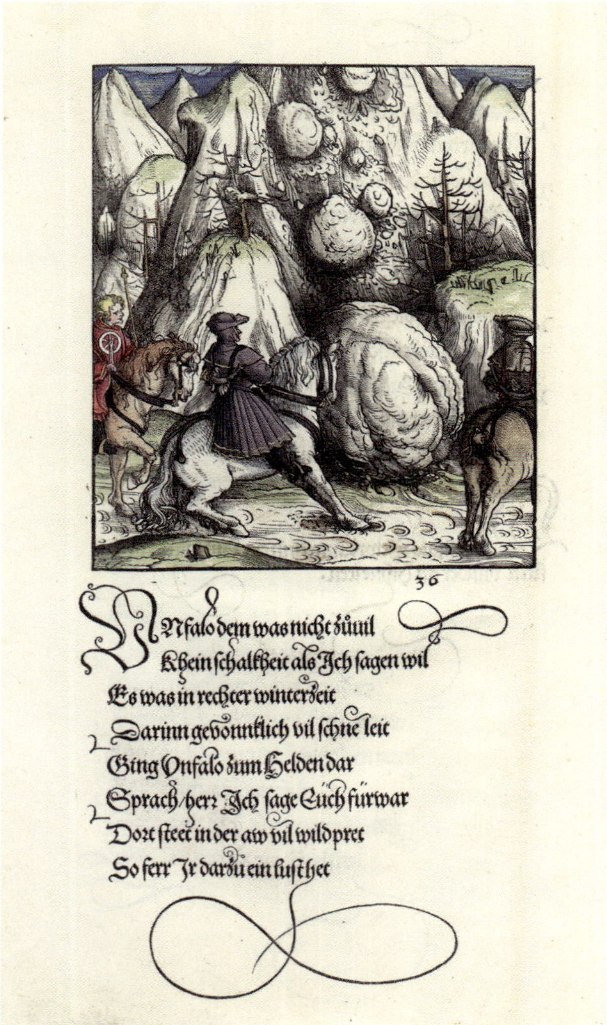

Trotzdem wagten sich Menschen in die abweisende Einöde der Alpen. Dort entdeckten sie nicht nur Salz und Metalle, sondern auch Pässe, die als Schlupflöcher den Kontakt zu Menschen jenseits der Berge öffneten.

Die Sensation des Jahres 1991 lieferte „Ötzi", der in 3210 Meter Seehöhe nahe dem Ötztaler Hauslabjoch als 5300 Jahre alte Mumie aus dem Gletscher geapert war. Dass Menschen schon früher die Alpen überquerten, belegen auch die Funde von Steinbeilen auf 2400 und noch mehr Meter hohen Tauernpässen.

Vorrang für transalpinen Wanderverkehr gewannen naturgemäß die niedrigen Pässe am Radstädter Tauern (1710 m), Katschberg (1658 m), Brenner (1368 m) und Reschen (1507 m). Bis herauf in die Neuzeit wäre jedoch niemand auf den abwegigen Gedanken verfallen, Energie für Bergtouren zu verschwenden.

Die Kelten erweiterten in den schütter besiedelten Alpentälern ihre Pfade von Siedlung zu Siedlung langsam zu einem alpenweiten Netz unbefestigter Handelswege. Die Römer fanden die Alpen „scheußlich" und „unzugänglich", ihre Überquerung „strapaziöser als Kriege". Dennoch bahnten sie ihren Legionen und Handelsherren gepflasterte Straßen nordwärts über Alpenpässe, um das strategisch wichtige Alpenvorland bis zur Donau nachhaltig zu sichern. Die Stürme der Völkerwanderung verwehten zwar diese Spuren, doch ab dem 7. Jahrhundert setzte langsam wieder die Besiedlung der Ostalpen durch Slawen und Bajuwaren ein.

◀ Auf dem langen Weg durch das Gebirge zu seiner Braut Ehrenreich musste Ritter Theuerdank 1517 etlichen Gefahren ausweichen wie Steinschlägen oder Lawinen, die man sich noch als rollende Schneekugeln vorstellte.

Seit dem 13. Jahrhundert stehen selbst in entlegenen Alpentälern gotische Kirchen – ein beredtes Zeichen dafür, dass sich als Erste die Seelsorger um die Älpler kümmerten. Lehrer folgten ihnen erst ab dem 18. Jahrhundert und Ärzte nochmals ein Jahrhundert später.

▼ Die 5300 Jahre alte Gletschermumie „Ötzi", 1991 nahe dem Ötztaler Hauslabjoch in 3200 Meter Höhe entdeckt, ist heute das Glanzstück des Südtiroler Archäologiemuseums in Bozen.

▲ Der berühmte Schweizer Naturwissenschafter Johann Jakob Scheuchzer nahm sich als einer der Ersten der Alpen an und beschrieb 1711 Drachen – nach dem Hörensagen.

Bewusst den Weg in und auf die Berge wagten schon seit Beginn der Neuzeit Jäger, Wilderer, Schatzsucher, entlaufene Kriminelle, Deserteure, Schmuggler, aber auch Säumer, die mit kleinen Pferdekarawanen Waren über die Alpen transportierten. Ihnen folgten die Forscher der Aufklärung – Geologen, Botaniker, Meteorologen, Geodäten, Mediziner sowie Zoologen. Sie zogen ohne Landkarten, Wege, Markierungen, Bergführer, Hütten und auch nur annähernd taugliche Ausrüstung los, weil ihre Neugierde die Angst vor unkalkulierbaren Risiken überwand. Andererseits enträtselten spätestens die Wissenschafter der Aufklärung die Eigengesetze der Natur. Somit waren Blitzschlag oder Muren nicht mehr eine Strafe Gottes für das Fehlverhalten der Menschen.

Die Erstbesteigungen des Mont Blanc (4809 m) im Jahr 1782 oder des Großglockner (3798 m) 18 Jahre später waren wissenschaftliche Expeditionen. Dieser Vorstoß lockte auch die Maler und Poeten in die Berge. Ausgerechnet am Vorabend des Revolutionsjahres 1848 legte der schwäbische Professor Adolf Schaubach ein revolutionäres Buch vor: „Die deutschen Alpen". Darin beschrieb er Täler und Berge, Wege der Anreise – zu Fuß oder in der teuren Postkutsche – auf Gipfel und äußerte sich zu Siedlungen, Unterkünften und Kosten. Er machte Wandern und Bergsteigen als Erster berechenbar. Es bedurfte nur noch der Eisenbahn, des Autos und eines dichten Straßennetzes, um die Alpen dem Massentourismus zu erschließen.

Im späten Mittelalter folgte der aufblühende transalpine Handel zwischen Venedig, Österreich und Bayern den Spuren der Römer über den Radstädter Tauern und den Brenner. Ein halbes Jahrtausend später bedurfte es transalpiner Autobahnen, um den Massenverkehr zu bewältigen. Die Statistik belegt den Rang Westösterreichs und Südtirols als „Durchhaus Europas": Anstieg des Verkehrs zwischen 1975 und 2012 von 2,2 Millionen auf 18 Millionen Fahrzeuge. Das entspricht dem Kfz-Bestand Bayerns, Österreichs, Sloweniens und Südtirols. Setzt man der Einfachheit halber alle Pkw und Lkw auf eine Einheitslänge von 6 Metern, dann ergäbe das eine rund 110 000 Kilometer lange Autoschlange, die 2,75 Mal um den Äquator reicht.

▲ Transalpine Autobahnen machten Westösterreich und Südtirol zum Durchhaus Europas.

Hospize für Wanderer – Christenpflicht

Im hohen Mittelalter brachte wachsender Wohlstand der Städte den Fernhandel über die Alpen langsam in Gang – vor allem über den Brenner und den Katschberg. Zugleich gewann das Pilgern zu den geheiligten Stätten des Christentums an Bedeutung – nach Rom, Jerusalem oder Santiago de Compostela. Mithin Grund genug, die Christenpflicht zur Betreuung von Pilgern und Händlern zu erfüllen.

So entstand, was lateinische Begriffe wie „hospitalis" (gastlich) und „hospitium" zusammenfassen: „Hospize" auf Pässen wie dem Arlberg oder das „Hospiz St. Valentin" südlich des Reschenpasses und ebenso die „Spitäler" (Unterkünfte) vor Pässen: Spittal an der Drau, Spital am Semmering, Spital am Pyhrn und „Tauernhaus Spital" im Felbertal. Die Fürsten des unabhängigen „Kirchenstaates" Salzburg errichteten ab dem 14. Jahrhundert in den bis zu 17 Kilometer langen, unbewohnten Tauerntälern sieben „Tauernhäuser" – Unterkünfte und Stützpunkte, von denen aus man Siedlungen jenseits der Hohen Tauern an einem Tag erreichen konnte. Bis heute überdauerten die Krimmler, Rauriser und Matreier „Tauernhäuser" in gleicher Funktion. Die „Tauernwirte" erhielten Getreide als „Provision", damit sie bei einem Wettersturz Wanderer gratis verköstigten. Dafür mussten sie auch die „Tauernwege" instand halten, „Wegweisstangen" aufstellen, Entkräftete kostenlos

◀ Das Fresko des heiligen Christophorus von ca. 1680 an der Kirche von St. Leonhard bei Kundl ist wegen des angefügten Textes eine Rarität: „St. Christof heyliger Mann dem Tugend ist so wohlgetan. Wer dich des morgens schauet, sich den abends lachend frewet."

▲ Im Wesentlichen kaum verändert besteht das Rauriser Tauernhaus seit dem 15. Jahrhundert als Stützpunkt auf dem Weg über die Hohen Tauern. Hier rasteten Saumzüge, die in der Glanzzeit des 17. Jahrhunderts jährlich an die 500 Tonnen transportierten – Salz südwärts und Wein nordwärts.

unterbringen und „todfindige Personen" im nächstgelegenen Friedhof beisetzen. Das 1386 errichtete „Hospiz St. Christoph auf dem Arlberg" erinnert an einen Hünen, der dem mächtigsten aller Herrscher dienen wollte. Nach etlichen Enttäuschungen verwies ihn ein Einsiedler auf Gott. Also übernahm er als Dienstmann Gottes die Aufgabe, Reisende über einen Fluss zu tragen. Diesen Dienst begehrte eines Tages ein Kind, das aber auf dem Weg durch den Fluss derart an Gewicht zunahm, dass der Träger schließlich keuchte: „Kind, du bist so schwer, als trüge ich die ganze Welt." Darauf das Kind: „Du hast recht, ich bin der Heiland, der die Last der ganzen Welt trägt." Am anderen Ufer angelangt, dankte das Kind und sagte: „Weil du Christus getragen hast, sollst du fortan Christophorus heißen." Christophorus bedeutet „Christusträger", der als Patron der Wanderer, Pilger und mittlerweile auch der Autofahrer zu den 14 Nothelfern zählt.

▲ Die Römer schützten die Hufe ihrer Pferde im schwierigen alpinen Gelände mit „Hipposandalen".

Mit dem Aufblühen des Fernhandels tauchten ab dem 13. Jahrhundert entlang der Handelswege in den Ostalpen Hunderte Fresken des heiligen Christophorus auf, um Händler, Pilger und Wanderer an ihren Beschützer zu erinnern. Damals entstand auch der tröstliche lateinische Reim: „Qui te mane videt nocturno tempore ridet." Sinngemäß frei übersetzt: Wer sich Christophorus am Morgen anvertraut, kann sich am späten Abend freuen. Alsbald schmückten Fresken des Heiligen auch Burghöfe mit tröstlichen Inschriften für Soldaten: „Wer diesen Heiligen am Morgen schaut, den wird tagsüber der Tod nicht ereilen."

Romantiker lösten den Alpentourismus aus

Das Jahr 1729 markiert die Wende vom „Verkehrshindernis Alpen" zum Alpentourismus. In seinem Lehrgedicht „Die Alpen" preist Albrecht von Haller den Gebirgszug als ästhetisches Erlebnis und glorifiziert das harte, aber sittenstrenge Leben der Alpenbewohner als Gegensatz zu den verderbten Sitten der Städter. Haller weckt Begeisterung bei Wissenschaftern, Dichtern und Künstlern.

Der Philosoph Jean-Jaques Rousseau doppelt 1761 die idealistische Verklärung der Alpen mit der Feststellung auf, sie seien das „neue Heiligtum" der Welt. Schließlich steigert der aufklärerische Philosoph Christian Hirschfeld 1779 noch den neuen Trend: „Das romantische Gefühl findet sich am meisten im Gebirge, wohin die geschäftige Hand des Menschen noch nicht gedrungen ist."

Dennoch griff der Mensch nach den Alpen, weil romantische Begeisterung für das Gebirge den Kontakt zwischen Städtern und Bergbauern sowie die langsame touristische „Verstädterung" der alpinen Lebensweise anbahnte: Städtische „Sommerfrischler" brauchten Hotels mit einem WC zumindest in jedem Stockwerk, städtische Speisekarten, Dienstleistungen aller Arten und brauchtümliche Unterhaltung. So kamen mit Geld auch städtische Lebensformen in die Alpentäler mit dem guten Nebeneffekt, dass wechselseitige Vorurteile langsam schwanden.

Technik beschleunigte diesen Prozess. 1881 erreichte das Telefon die Alpentäler, 1891 das Fahrrad, das die Reittiere ersetzte und daher auch „Drahtesel" heißt, 1896 das Auto und 1924 das Radio. Es dauerte allerdings bis ca. 1965, ehe das städtische WC das Plumpsklo endgültig aus den Alpendörfern verdrängt hatte.

◀ Diese Ausschnitte eines Freskos aus 1720 am Gemeindeamt von Pettnau bei Innsbruck dokumentieren ausnehmend lebendig den Handelsverkehr vor dem Eisenbahnzeitalter. Links ein Fuhrwerk mit Fässern für Salz oder Wein und rechts einen „Saumzug" für den Gütertransport auf schwierigem Geläuf. Der Hammer des Säumers dient zum Festschlagen lockerer Hufnägel und mit seiner spitzen Seite zum Reinigen der Hufe, damit die Pferde nicht ausrutschen.

Schwabenkinder, Sauschneider, Herrgottschnitzer

Ehe der Tourismus dem „Dachgarten Europas" zu wirtschaftlicher Blüte verhalf, gingen viele Menschen monatelang in die Fremde. Sie brachten etwas Geld in die Bergtäler und erleichterten die magere Landwirtschaft um einen Esser.

Aus purer Not zogen bis zum Ende des 19. Jahrhunderts alljährlich an die 4000 Kinder in regelrechten „Karawanen" aus dem Montafon und aus Westtirol nach Schwaben, um bei vergleichsweise begüterten Bauern das Vieh zu hüten und Hausarbeit zu verrichten. Kritiker verurteilten diesen „Sklavenhandel", aber ehemalige „Schwabenkinder" empfanden im Erwachsenenalter drei Erfahrungen als positiv: Stets genug zu essen, weniger harte Arbeit als daheim und als Lohn „doppeltes Gewand und Schuhe".

Härter traf es die „Jatergitschen" (Jäterinnen) und Ährenleserinnen, die nach Bayern ausschwärmten. Sie jäteten Getreidefelder oder sammelten auf abgeernteten Äckern Ähren. Das ergab bis zu 200 Kilo Getreide und deckte daheim den Jahresbedarf einer Person.

Am gröbsten verfuhr das Schicksal mit Dutzenden Paznaunern, die in der Fremde jene Arbeiten übernahmen, welche die Einheimischen verschmähten: Einsatz in den Bergwerken Savoyens, Ausheben oder Reinigen von Teichen in Westfalen. Besser erging es den Paznauner Holzknechten wegen ihrer ausgefeilten Technik im Baumfällen. Weil sie darin den Städtern weit überlegen waren, schlossen sie zwischen Norddeutschland und Oberitalien Kontrakte, um den Städtern Brennholz aus nahe gelegenen Wäldern buchstäblich „frei Haus" zu liefern.

Gut trafen es die Montafoner „Krauthobler". Jeden Herbst pendelten sie in ihre „Familienrayone" zwischen den Niederlanden und Ungarn aus, um fremder Leute Krautköpfe in feine Streifen zu hobeln. Ein Montafoner hatte nämlich einen besonders leistungsfähigen Krauthobel mit sechs rasiermesserscharfen Klingen entwickelt und deren optimalen Anstellwinkel ermittelt, weshalb die „Krauthobler" ihr Arbeitsgerät stets neugierigen Blicken entzogen.

Montafoner genossen auch wegen ihrer Meisterschaft im Brennen von Mörtelkalk und Verputzen von Mauern sowie als Stukkateure schon um das Jahr 1600 in der Schweiz, in Frankreich und in Baden einen hervorragenden Ruf. In „Akkord-Partien" verputzten sie ganze Straßenzüge und verdienten damit so gut, dass sie das Angebot Wiens ablehnten, an der Renovierung der Stadt nach der Türkenbelagerung von 1683 mitzuwirken. Ihr cleveres Argument: Dieses kurzfristige Geschäft berge das Risiko, die Märkte im Westen zu verlieren. Immerhin brachten Montafoner Pendler nach einem halben Jahr Arbeit in der Fremde zwischen 500 und 1500 Euro (Geldwert 2013) nach Hause.

In den Ostalpen blühte seit dem 17. Jahrhundert die Zucht von Ochsen. Sie dienten als Zugtiere, leisteten Vorspann auf steilen Straßen und besserten die Fleischtöpfe der Städter auf. Besonderes Geschick in der Viehzucht entwickelten die Bauern im Lungau, wo nach einem Bericht von 1896 „die Landwirtschaft erst dort beginnt, wo sie anderswo endet", nämlich auf 1000 Meter Seehöhe. Deshalb entwickelten die Lungauer schon im 18. Jahrhundert die Fertigkeit, „alles Vieh zu entmannen". Sie kastrierten Stiere, weil Ochsen als Zugtiere viel gefügiger sind, und „schnitten" Schweine, damit sie mehr Fett ansetzten. Daher das Gütesiegel „Sauschneider". Ihre „Operationstechniken" beeindruckten sogar die Veterinärmedizin und begründeten ihr hohes Ansehen in der ganzen Monarchie. Alljährlich schwärmten bis zu 300 „Sauschneider" für sechs Monate in ihre „Gäu" (= Rayone) zwischen Bayern, Böhmen und Ungarn aus und verdienten dabei so gut, dass in Ungarn der Spruch umging „reich wie ein Sauschneider". Sie erwirtschafteten nach zeitgenössischen Angaben mit durchschnittlich annähernd 1000 „Schnitten" in einem halben Jahr um die 15000 Euro (Geldwert 2013), die sie allerdings mit ihren Gehilfen teilen mussten.

Die legendären Deferegger „Teppichhändler" schlugen einen anderen Weg ein. Sie zogen zwischen Norditalien, Süddeutschland und Ungarn einen derart blühenden Handel mit Pferdedecken und „Teppichen" auf, dass sie alsbald auch Strohhüte und Kuckucksuhren in ihr Sortiment aufnahmen und für den arbeitsteiligen Nachschub aus der Heimat „Niederlagen" bis in das Rheinland und nach Böhmen einrichteten. Ihre jährlichen Nettoverdienste lagen zwischen 2000 und 3000 Euro.

Alle diese Fertigkeiten verloren spätestens zu Ende des 19. Jahrhunderts ihre Märkte – die Grödener „Herrgottschnitzer" ausgenommen. Schon um die Mitte des 17. Jahrhunderts begannen sie mit bescheidenen Versuchen, an den langen Winterabenden Geräte und Figuren zu schnitzen und mit diesen Waren einen Hausiererhandel aufzuziehen. Bereits ein Jahrhundert später bedienten Männer und

Frauen einen europaweiten Markt mit Schnitzereien, darunter zunehmend Heiligenfiguren und Kruzifixe. Daher stammt der Begriff „Herrgottschnitzer". Handwerkliches Geschick und künstlerische Fantasie begründeten einen derart guten Ruf, dass um das Jahr 1800 an die zwei Drittel der Talbewohner mehr als 400 Niederlassungen im Ausland mit Nachschub versorgten und mit Tragekörben voll Figuren von Jahrmarkt zu Jahrmarkt zogen. Bis heute hält der ausgezeichnete Ruf der Grödener Schnitzer an. Ihre Schnitzerei hat nicht nur Geld in ein armes Tal gebracht, sondern genießt heute als Kunsthandwerk international großes Ansehen.

Dass das Weihnachtslied „Stille Nacht" weltweit in mehr als 300 Sprachen gesungen wird, ist Zillertaler „Auspendlern" zu verdanken. Weil die Kirchenorgel in Oberndorf bei Salzburg ihren Geist aufgegeben hatte, sangen Josef Mohr (Text) und Franz Xaver Gruber (Komponist) 1818 zur Gitarre. Jahre später reparierte der Zillertaler Orgelbauer Karl Mauracher die Orgel, entdeckte das „Stille Nacht" und die Zillertaler Hausierer nahmen es in ihr Repertoire an „Tiroler Volksliedern" auf, mit denen sie auf Jahrmärkten in halb Europa und später sogar in den USA auf ihre selbst hergestellten Handschuhe aufmerksam machten.

Über erfolgreiche Auspendler rümpfte allerdings die Geistlichkeit die Nase: Diese Leute brächten die Untugenden des Tabakrauchens und Weintrinkens in die Alpentäler. Außerdem würden sie sich lächerlich machen, weil sie „die Sitten der Städter nachäffen und die Moral verderben". Der Klerus wusste aber keine Alternative zum Auspendeln.

▶ Montafoner Krauthobler.

Karge Kost und gute Nachred

Anfang des 19. Jahrhunderts entstand die Zunft der Reiseschriftsteller, die durchwegs der städtischen Bildungsschicht entstammten. In den Alpentälern stach ihnen auch Unappetitliches in die Nase: Beim Sonntagsgottesdienst und hinterher in den Wirtsstuben ein „scharfer Geruch" nach Urin. Und sie stellten verblüfft fest, dass das Volk alle Wäsche in Urin einweichte, weil Seife viel zu teuer kam.

Tatsächlich pflegten Bauern einst über Generationen den Urin aller Hofbewohner in Schaffen zu sammeln, weil er wie Lauge wirkt, wenn man kein Fleisch isst – ein Beweis für das karge Leben in den abgeschiedenen Alpentälern. Teures Fleisch kam nur selten auf den Tisch. Daher bestand die einseitige Kost aus Bohnen, Kartoffeln, Getreide, Kohl, Schmalz, Eiern, Sauerkraut und gelegentlich Speck. Diese Lebensmittel stammten vom eigenen Grund, nur Salz und Zucker musste man zukaufen.

Die gute Nachrede eines prominenten Gastes wiegt schwerer als noch so clevere Werbung:

François-René de Chateaubriand nächtigte bei seiner Reise von Padua nach Prag im Gasthof „Zur Post" in St. Michael im Lungau, wo ihm „hübsche österreichische Mädchen ein wirklich gutes Mahl" servierten – ein beachtliches Lob eines Feinschmeckers, dessen Name im französischen Steak fortlebt. Das Personal verabschiedete ihn mit „deutscher Herzlichkeit, hundert guten Wünschen und zog sogar den Hut. In Frankreich verabschiedet man sich so nur von Verstorbenen."

Den schwäbischen Professor Adolf Schaubach verblüffte 1848 ein unter Älplern üblicher Gruß: „Zeitlassen!" Doch der „Pusterthaler würdigt dich kaum eines Gegengrußes, wenn deiner nicht ‚Gelobt sei Jesus Christus' heißt". Und: „Nirgends ist die Liebe zur Heimat lebendiger als in den Alpen. Je mehr der Mensch mit der Natur in Verkehr steht, desto tiefer prägt sie ihre Züge in des Menschen Herz. Der Weltbürger, der überall seine Heimat zu haben glaubt, hat gar keine." Allerdings vermerkte Schaubach auch Bedauerliches: „In den Alpen findet die große Mehrzahl der Bewohner selten Anregung und Anlass, nach der Schulpflicht Neues zu erlernen, sondern reichlich Gelegenheit, Erlerntes vollkommen zu vergessen. Das erklärt, dass von den zum Militär Berufenen nicht selten die Hälfte bis zu zwei Dritteln nicht schreiben können." Andererseits fiel ihm bei seinen ausgedehnten Reisen durch die Alpen auch auf: „Der Zillertaler gehört zu dem schönsten deutschen Menschenschlag."

◀ Die Berufe der Auspendler erlagen dem Fortschritt von Wissenschaft und Technik, die Grödener Schnitzer ausgenommen. Ihr Kunstgewerbe ist auch heute auf dem europäischen Markt begehrt.

▶ Deferegger Teppichhändler auf einer Glückwunschkarte. Dreht man die Karte um, dann lässt der Händler „untern Teppich schaun". Dort steht: „Sey gsund wie a Tyrola. Das andre giebt si!"

4
5
6
1
3
2

Alpenvorland/Chiemsee

Das 80 Quadratkilometer große „bayerische Meer" sammelte sich vor rund 12 000 Jahren in einer flachen Wanne, die eiszeitliche Gletscher aus dem Alpenvorland geschoben hatten. Bestehen blieben nur drei Inseln in diesem größten See am Fuß der Ostalpen. Er gab dem Chiemgau im Dreieck zwischen Salzach, Inn und den Voralpen den Namen.

Die eigenständige Geschichte des Landes rund um den Chiemsee begann um 500 v. Chr., als sich die keltischen Alaunen an seinen Ufern niederließen und ihren Wassergott Bedaio verehrten. Um 15 v. Chr. rückten die Römer an und romanisierten die Alaunen durch tolerante Zusammenarbeit. Nach der Völkerwanderung übernahmen Benediktiner im 8. Jahrhundert die religiöse und wirtschaftliche Betreuung der Bevölkerung. Auf der „Herreninsel" unterhielten sie bis 1803 ein Kloster, das von 1215 bis 1803 den Rang eines Bistums innehatte, dessen Bischof aber in Salzburg residierte. Auf der „Fraueninsel" besteht bis heute das Kloster der Benediktinerinnen.

1948 schrieb die Herreninsel politisch Geschichte: Die Vertreter der drei westlichen deutschen Besatzungszonen erarbeiteten hier auf dem „Verfassungskonvent" das deutsche Grundgesetz.

Blickrichtung Südosten
1 Fraueninsel (523 m) 2 Herreninsel 3 Krautinsel
4 Hochfelln (1 671 m) 5 Hochkalter (2 607 m)
6 Loferer Steinberge (2 511 m)

Märchenschloss und römische Spuren

Der bayerische König Ludwig II. (1845–1886) baute auf der einsamen Herreninsel eine spektakuläre Kopie des Schlosses Versailles. Der Dom des aufgelösten Bistums Chiemsee war längst zu einer Brauerei profaniert und das verwahrloste „alte Schloss" (Kloster) kaufte Ludwig einem Spekulanten um 4 Millionen Euro (Geldwert 2013) ab. 1878 begann die Arbeit an dem nie fertiggestellten neuen Schloss. Zugleich baute der „Märchenkönig" noch die Schlösser Neuschwanstein und Linderhof. Das überforderte die Finanzkraft seiner jährlich mit 48 Millionen Euro dotierten „privaten Kabinettskasse" so sehr, dass sein Schuldenberg 1884 auf 86 Millionen Euro anwuchs (ein Arbeiter verdiente damals im Jahr rund 4 200 Euro). 1886 verweigerte Bayerns Regierung dem psychisch kranken König einen Kredit von 70 Millionen Euro und entmündigte ihn. Kurz darauf ertrank er unter ungeklärten Umständen im Starnberger See.

Spektakuläres entdeckte die Archäologie an den Ufern des Chiemsees: römische Mosaikböden in Grabenstätt, Grabsteine politischer Amtspersonen in Chieming, einen römischen Friedhof nahe Seebruck und die Überreste der römischen Siedlung Bedaium (heute Seebruck) an der Brücke über die Alz. Dort lebten die romanisierten Alaunen und die römischen Zuwanderer von Fischfang und Landwirtschaft. Und der Staat profitierte von den Einnahmen der Zollstation an der Reichsstraße von Salzburg nach Augsburg. Das sehenswerte Römermuseum in Seebruck verwahrt wertvolle Funde wie Fischereigerät und Amphoren sowie Zeugnisse hervorragender Handwerkskunst – etwa den Fuß eines dreibeinigen Lampenständers. Der Fuß steckt in der noblen Variante einer Sandale, die Römer in der warmen Jahreszeit trugen. Die robustere Form besonders für Soldaten war an der Sohle dicht benagelt. Diese Sandalen hätten auch für Touren auf den Hochfelln oder den Hochgern gepasst – allerdings nicht aus alpinistischem Interesse, sondern zur Jagd.

▲ Fuß eines römischen Lampenständers.

1
2
3
4
5

Grasberge / Kitzbühel

Nach der Völkerwanderung siedelte sich in diesem weiten Becken die bayerische Sippe des Chizzo auf einem Bühel an. Kitzbühel hat also nichts mit springlebendigem Kleinvieh zu tun, lässt sich aber als einziger Ortsname in den Ostalpen steigern – zum Gaisberg. Als Handels- und Umschlagplatz gewann Kitzbühel bereits 1271 das Stadtrecht. Ringsum stehen sanfte Grasberge, auf denen Bauernwiesen und Almböden ineinander übergehen. Das erklärt, dass auf diesen von Bauern und grasendem Vieh gepflegten Böden der Skisport gedieh.

Durch Kitzbühel fließt eine Ache. Der Begriff entstammt dem althochdeutschen „Aha“ und bezeichnet ein klares, nicht schiffbares Fließgewässer. Viele Ortsnamen auf „-ach“ verweisen auf die Lage an so einer Ache. Auf ihrem 60 Kilometer langen Weg vom Pass Thurn in den Chiemsee wechselt diese Ache vier Mal ihren Namen: Bis Kitzbühel heißt sie Jochberger Ache, dann bis Erpfendorf (links hinten) Kitzbüheler Ache, fortan bis zur Grenze Große Ache und in Bayern Tiroler Ache.

Blickrichtung Nordosten

1 Fellhorn (1765 m) 2 St. Johann in Tirol (659 m)
3 Sonntagshorn (1961 m) 4 Kitzbüheler Horn (1996 m)
5 Reifhorn (2488 m) 6 Karstein (1922 m)
7 Birnhorn (2634 m) 8 Wildseeloder (2117 m)
9 Bischof (2127 m) 10 Aurach (846 m)

1
2
5

Achensee

In der Talfurche zwischen Rofan und Karwendel hinterließ die Eiszeit den Achensee, der nach Norden durch den Achenpass in den Tegernsee abfließt. Seine touristisch reizvolle Lage führte 1889 zum Bau der Zahnradbahn – der vierten in den Alpen – von Jenbach (562 m) nach Maurach (938 m) am See. Auf dem Schwemmkegel im Vordergrund entwickelte sich Pertisau zu einem beliebten Ferienort.

Eben ist ein Wallfahrtsort zur heiligen Nothburga, die vor allem in Tirol verehrt wird. Geboren 1265 in Rattenberg, kam sie in den Dienst eines Grafen und verteilte Überreste von Speisen an Arme und Kranke. Nachdem ihr das verboten worden war, sparte sie sich durch Fasten Lebensmittel vom Mund ab und verteilte diese. Eines Tages ertappte sie der Graf, als sie den Armen in der Schürze Essen und in einem Krug Wein bringen wollte. Befragt, was sie mit sich trage, sagte sie „Holzspäne und Lauge". Der Graf sah nach und fand tatsächlich Holzspäne und Lauge. Trotz dieses Wunders entließ sie der Graf und Nothburga verdingte sich in Eben als Bauernmagd. Sie erwirkte vom Bauern, dass sie die Arbeit beim „Betläuten" am Abend beenden dürfe, um zu beten. Eines Tages zwang sie der Bauer, nach dem Betläuten" Getreide zu schneiden. Da warf Nothburga ihre Sichel in die Luft, wo sie an einem Sonnenstrahl hängen blieb. Der Bauer erschrak und ließ Nothburga gewähren.

Blickrichtung Osten

1 Guffert (2 194 m) 2 Rofanspitze (2 259 m)

3 Ebener Joch (1 957 m) 4 Eben (940 m) 5 Pertisau (952 m)

1
2
3
8

Tuxer Alpen/Fügen

Ein prächtiges Panorama: Im Süden die vergletscherten Zillertaler Alpen, im Norden der bleiche Kalk des Karwendels, dazwischen die vergleichsweise sanften Tuxer Alpen. Durch den Vordergrund verläuft das Zillertal, im Hintergrund weicht das Inntal den Stubaier und Ötztaler Gletscherbergen aus und biegt bei Innsbruck nordwestwärts.

Der Ziller markiert seit 2000 Jahren die einzige noch immer bestehende Grenze zwischen Hoheitsgebieten in Europa. Er schied die römischen Provinzen Rätien und Norikum und ab 739 den Kirchenstaat Salzburg vom Bistum Brixen. Die Neuordnung Europas nach den napoleonischen Kriegen verschob zwar die politische Grenze zwischen Salzburg und Tirol ostwärts, nicht aber die Diözesangrenzen. Grüne Turmhelme auf der Ostseite des Ziller kennzeichnen die Erzdiözese Salzburg, die roten auf der anderen Talseite das Bistum Innsbruck. Das reiche Salzburg leistete sich nämlich Kupfer, Tirol begnügte sich mit Ziegeln.

Blickrichtung Nordwesten
1 Olperer (3476 m) 2 Rastkogel (2762 m)
3 Zuckerhütl (3507 m) 4 Kellerjoch (2344 m)
5 Innsbrucker Nordkette 6 Bettelwurf (2725 m)
7 Fügen (544 m) 8 Stumm (556 m)

1
2
3
4
5
6

Innsbruck

Als Siedlung an einer „Innbrücke" entstanden, erlebte diese Stadt im Gebirge ihre Blütezeit als Residenzstadt der Habsburger (1420–1665). Aus dieser glanzvollen Epoche stammen die Wahrzeichen der Stadt: das „Goldene Dachl", ein Prunkerker an der alten Hofburg, gedeckt mit 2657 feuervergoldeten Kupferschindeln, sowie die Hofkirche mit dem leeren Grabmal Kaiser Maximilians I. (er ruht in Wiener Neustadt), flankiert von 28 aus Bronze gegossenen und durchschnittlich 2,30 Meter großen Figuren der kaiserlichen Verwandtschaft.

Von 1950 bis 2012 wuchs die Zahl der Einwohner von 95000 auf 120000 und die der Studenten an der 1669 gegründeten Universität von 1800 auf 28000. Aus dieser Bildungsstätte stammen vier Nobelpreisträger.

Die Luftaufnahme Innsbrucks vor der imposanten Nordkette dokumentiert die Bauepochen des Wachstums. Um 1860 lagen die beiden Bahnhöfe am Stadtrand, heute markiert die Autobahn den Stadtrand.

Blickrichtung Norden
❶ Solstein (2637 m) ❷ Brandjoch (2599 m)
❸ Frau Hitt (2270 m) ❹ Hafelekarspitze (2334 m)
❺ Birkkarspitze (2749 m) ❻ Großer Lafatscher (2695 m)
❼ Bettelwurf (2725 m)

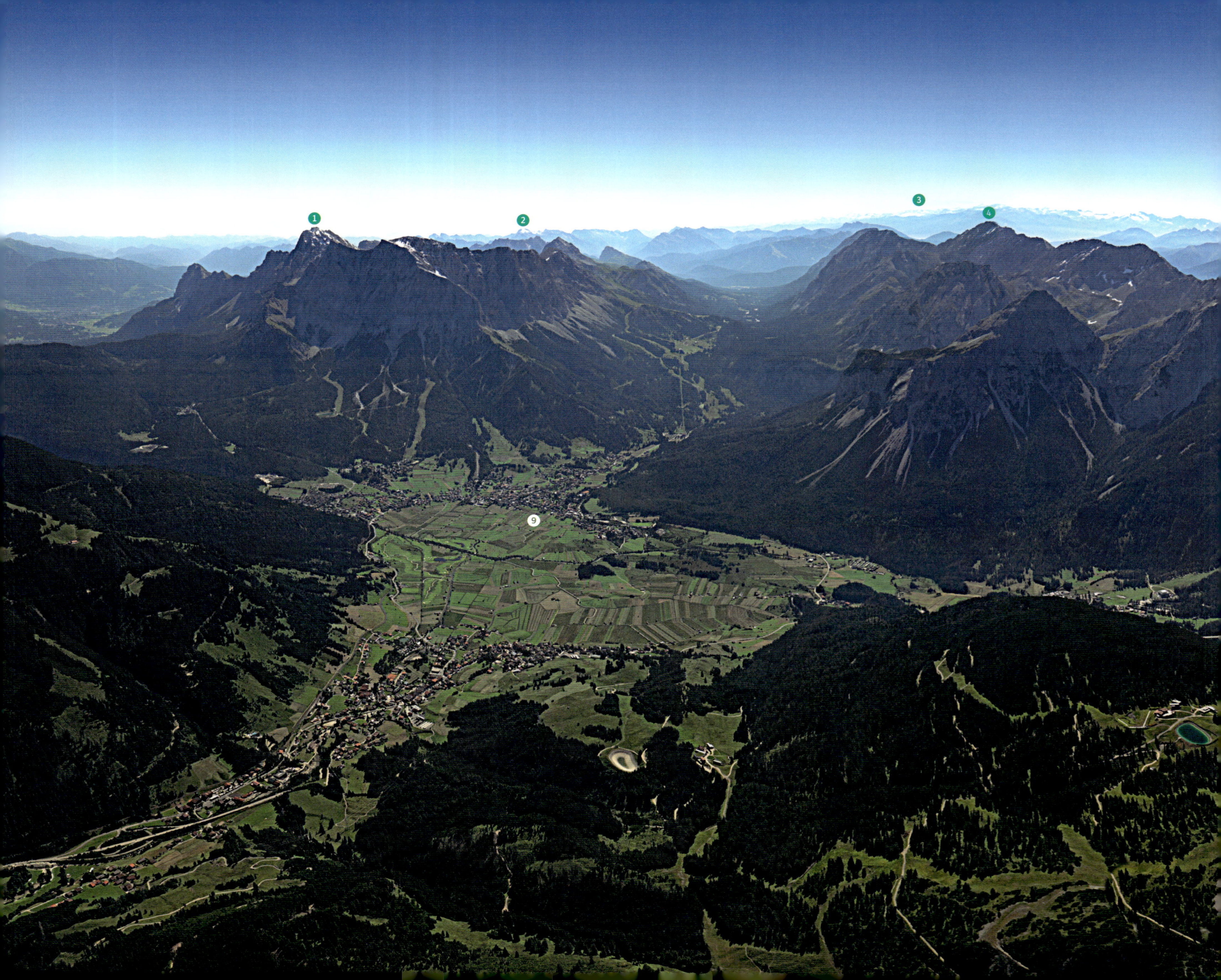
1
2
3
4
9

Kalkalpen / Ehrwald

Die Ortsnamen von Ehrwald und Lermoos erzählen die Geschichte dieses weiten Beckens, durch das vor zwei Jahrtausenden die strategisch wichtige Römerstraße von Oberitalien nach Augsburg führte. In Ehrwald steckt das althochdeutsche „Erro" für „Rand des Waldes", Lermoos verweist auf eine Sumpflandschaft. Beides steht für die grundlegenden Kulturleistungen des Rodens und des Trockenlegens von Sümpfen, um Ackerland und Viehweiden zu gewinnen.

Der gute Bestand an Wald erlaubte ein lohnendes Gewerbe: Erzeugung von Fassdauben für die Saline in Hall. Den Rang eines immateriellen Kulturerbes verlieh die UNESCO dem Ehrwalder Becken wegen der einzigartigen Sonnwendfeuer an jedem 21. Juni. Aus Zehntausenden mit Rapsöl gefüllten Bechern werden an den Bergen ringsum religiöse Symbole, Pflanzen und Tiere gebildet und abends ebenso entzündet wie Feuerketten auf den Kämmen der Berge ringsum.

Blickrichtung Südosten

1 Zugspitze (2 962 m) 2 Birkkarspitze (2 749 m)
3 Venedigergruppe (125 km entfernt) 4 Hochplattig (2 768 m)
5 Grünstein (2 661 m) 6 Habicht (3 277 m) 7 Stubaier Alpen
8 Wildspitze (3 770 m) 9 Ehrwald (994 m)

1
2
3
4
5

Kalkalpen / Weißenbach

Das Außerfern bekam seinen Namen, weil es von der Landeshauptstadt Innsbruck aus gesehen „außerhalb" des Fernpasses im Tiroler Lechtal liegt. In diesem nordwestlichen Eck Tirols steht der Lech auf 41 Kilometer seines 67 Kilometer langen Weges bis Bayern unter Naturschutz, damit er in seiner ursprünglichen Form als Gebirgsfluss samt Auen, Fauna und Flora erhalten bleibt.

Besonders eindrucksvoll ist das in Weißenbach zu sehen: Das Bett des nicht regulierten Flusses ist bis zu 200 Meter breit, bietet also Raum für Hochwasser. Auch stören keine Wasserbauten den Transport des Geschiebes. Immerhin schleppt der Lech jährlich 11 500 Kubikmeter Geröll und Sand durch Weißenbach – eine Menge, die ein Fußballfeld gut einen Meter hoch bedecken würde.

Blickrichtung Westen

❶ Großer Daumen (2 280 m) ❷ Leilachspitze (2 274 m)
❸ Gaishorn (2 249 m) ❹ Litnisschrofen (2 068 m)
❺ Haldensee (1 124 m)

Unerschöpfliche Wasserkraft

„Es klappert die Mühle am rauschenden Bach." Heute klappern in den Ostalpen statt Hunderter Mühlen nur noch einige „Schaumühlen" dem staunenden Publikum die harte Arbeit des Müllers vor. Vor etwa 5 000 Jahren drehte sich das erste Wasserrad an einem Fluss im Orient. Es setzte Wasserkraft in nutzbare Energie um und leistete ein Vielfaches jener Schwerstarbeit, die weder Zugtiere noch Menschen bewältigen konnten. Wasserräder lieferten Energie zum Antrieb von Mehlmühlen, Gattersägen, Schmiedehämmern, Pochwerken zum Zertrümmern von Gestein und Wasserhebewerken im Bergbau, Drehbänken für Eisen und Holz, Töpferscheiben, Walkereien sowie Dresch- und Häckselmaschinen. Erst die Elektrizität ersetzte das Wasserrad, obschon sie es in verfeinerter Form von Turbinen zum Antrieb von Generatoren weiter nutzt. Das Wasserrad bildete wie das Rad und der Blasebalg die Voraussetzungen des technisch-industriellen Fortschritts.

▲ In einer Zeit ohne Strom und Motor bedurfte es ausgeklügelter Systeme, um Bergwerke trocken zu halten: Links treibt Wasser Mühlräder an und die daran gekuppelten Spindeln heben mit Wasser gefüllte Kübel aus dem Stollen.

1
4
3
2
5

Allgäu/Oberstdorf

Das Gemeindegebiet Oberstdorf bildet einen 230 Quadratkilometer großen Zwickel zwischen dem Tiroler Lechtal und Vorarlberg. Der Ortsteil Gerstruben (1 115 m) ist Deutschlands höchstgelegenes Dorf und Einödsbach Deutschlands südlichste Siedlung. Charakteristisch für das weite Oberstdorfer Becken sind die weit verstreuten „Einödhöfe", damit die ursprünglich karge Landwirtschaft wenigstens auf geschlossenem Grund betrieben werden konnte. Vor rund 200 Jahren bot die Erzeugung von Käse ein rentables Geschäft.

Oberstdorf bekam als Heilklima- und Kneippkurort touristische Bedeutung und gewann mit der weltweit drittgrößten Skiflugschanze einen Spitzenrang im Wintersport. 1948 stand der Schanzenrekord auf 120 Meter und stieg dann über 150 Meter (1967), 185 Meter (1984) und auf 225 Meter (2009). Oberstdorf steht übrigens unter den „Dörfern" allein auf dem ersten Rang, gefolgt von „Hauptmannsdorf" (Pinzgau) sowie den häufigen Namen „Ober(n)dorf", „Dorf", „Nieder(n)dorf" und „Dörfl".

Blickrichtung Südosten
1 Zugspitze (2 962 m) 2 Nebelhorn (2 224 m)
3 Hochvogel (2 593 m) 4 Olperer (3 476 m, 125 km entfernt)
5 Höfats (2 258 m) 6 Großer Krottenkopf (2 657 m)
7 Wildspitze (3 770 m) 8 Weißkugel (3 739 m)

2
3
5
7
4
1
6

Außerfern/Tannheim

Im 16 Quadratkilometer großen Naturschutzgebiet rings um den Vilsalpsee im Tiroler Außerfern gewährt die Erdgeschichte einen ungewöhnlich tiefen Einblick. Im Trias vor 250 bis 200 Millionen Jahren wurde diese alpine Landschaft unter dem Druck der Kontinentalplatten gehoben, verschoben, überschichtet und gefaltet. Eiszeiten, Erosion und naturgerechtes Wirtschaften der Menschen verfeinerten diese Grobformung ab dem Beginn des Quartärs vor 2 Millionen Jahren in Mega-Zeitlupe zum Landschaftsbild von heute.

Seit 1957 steht diese uralte Almlandschaft unter Naturschutz. Doch erst 1964 entstand der Traualpsee (1 631 m), dem man den Speicher für das Kraftwerk Vilsalpsee nicht ansieht. Diesen See staut nämlich ein Damm auf, der an seiner Talseite mit standortgemäßem Bewuchs versehen wurde. Deshalb fügt sich dieser Damm nahtlos in das biologische Umfeld ein – wie auch der Damm des Lungauer Rotgüldensees am Rand des Nationalparks Hohe Tauern. Naturschutz und Technik müssen einander also keineswegs ausschließen.

Blickrichtung Süden
1 Schochenspitze (2 069 m) 2 Parseierspitze (3 036 m, einziger Dreitausender der Nördlichen Kalkalpen)
3 Hoher Riffler (3 168 m) 4 Rote Spitze (2 130 m)
5 Fluchthorn (3 399 m) 6 Vilsalpsee (1 165 m)
7 Hochvogel (2 593 m) 8 Großer Krottenkopf (2 657 m)
9 Gaishorn (2 249 m)

Bergsteigen ist eine „sanfte Kurzweil“

„Der Faule kennt die Berge von unten, die Kirche von außen und das Wirtshaus von innen.“ Gewiss hält dieser schnoddrige Spruch keiner Prüfung stand. Schließlich verzichten auch Fleißige auf das Bergsteigen.

Aber warum steigen Menschen auf Berge? Die Frage ist müßig, denn fehlte ihnen dafür ein Motiv, so täten sie es nicht. Was soll dann das ganze und teils auch sehr kluge Philosophieren über das Bergsteigen? Offenkundig will es den Menschen Lust auf Bergsteigen machen: Gesundheit, Leistung, Überwindung, Ertüchtigung, Gewichtsverlust, frische Luft, Blick auf die Welt aus der Vogelschau und ellenlang so weiter. Zwei kluge Köpfe setzten aber Eckpfeiler, zwischen denen die vielen Bergphilosophien blühen. „Ich gehe in die Berge, um die Herrlichkeit der Werke Gottes zu bewundern und mich gründlich aufzuheitern und zu erholen.“ So beschrieb der Salzburger Theologieprofessor Peter Carl Thurwieser (1789–1865), der bedeutendste Alpinist der Frühzeit, sein persönliches Motiv ohne missionarischen Unterton.

„Bergsteigen ist die Eroberung des Unnützen“, befand der französische Spitzenalpinist Lionel Terray (1921–1965) und meinte die Eroberung von materiell nicht Verwertbarem; also eine persönliche Leistung. Das schließt jedoch nicht aus, dass ein „Eroberer des Unnützen“ auch materiell Verwertbares gewinnt. Warum auch nicht, da doch herausragende Leistung ihren Marktwert haben kann.

Aufmerksamkeit gebührt indessen zwei frühen „Bergphilosophen“:
Der bayerische Hofprediger Jakob Rebus prägte 1557 in der Beschreibung einer Reise durch Tirol nach Italien als Erster – und für alle Zeiten – den Begriff „Bergsteigen“, das zwar mühsam, aber eine „sanfte Kurzweil“ sei. Diesen Gedanken spann der Arzt und Universalgelehrte Hippolyt Guarinoni weiter. Als Forscher bestieg er die Berge rings um seinen Wirkungsbereich Hall in Tirol und zog daraus 1609 diesen Schluss: „Im Gebirg“ erlebe der Theologe die Allmacht Gottes und die Höhe der Tugenden, der Philosoph gewinne Einblick in die Kräfte der Natur, der Apotheker finde heilkräftige Pflanzen, die „Herren Juristen“ lehre es, „unverrückbar wie das Gebirg bei der Gerechtigkeit zu bleiben“, und jeder Mensch lerne „Achtung auf die Natur und zurück zu ihr – Maßhalten in allem“. Maßhalten – das fasste ein unbekannter Autor in diesen Merksatz: „Ein Leben lang Bergsteigen ist so gut, wie ein Leben lang nur Bergsteigen schlecht ist.“

◀ So ausgerüstet erwarteten schon um 1880 Bergführer nicht nur in Kaprun ihre Gäste. Besonders beachtenswert: die in verschiedenen Farben handgestrickten Strümpfe.

Damit erreichen wir die Endstation aller Bergphilosophie: Sie dreht sich um das „Warum“. Die Antwort „eben darum“ bleibt jedem selbst überlassen.

Alpine Vereine – Pioniere des „sanften Tourismus“

Die Gründer des Oesterreichischen Alpenvereins (OeAV) setzten 1862 fort, was unternehmungslustige oder wissenschaftliche Pioniere im Jahrhundert zuvor auf eigene Faust mit erstaunlichen Leistungen in Gang gesetzt hatten: die Erstbesteigung von 32 prominenten Gipfeln der Ostalpen ohne Landkarten oder markierte Wege und den Bau von acht Schutzhütten.

Zweitens hatte die Eisenbahn 1860 zwischen München, Wien und Innsbruck die Mobilität der Menschen revolutioniert: zehnmal so schnell wie die Postkutsche zu einem Drittel des Preises. Nun lagen die Ostalpen in Reichweite der Städter.

Drittens konzentrierte sich der 1857 in London gegründete „Alpine Club“ auf sportliches Klettern in der Schweiz. Deshalb schrieb der OeAV ein Kontrastprogramm in seine Gründungsurkunde: „Die Kenntnis von den Alpen zu verbreiten, ihre Bereisung zu erleichtern, in Druckschriften das Verständnis kaum bekannter Gegenden, Naturerscheinungen und des Volkslebens zu erschließen, der wissenschaftlichen Erkenntnis der Alpen reiches Material zu geben und zu weiterer Forschung anzuregen.“

1869 entwuchs der Deutsche Alpenverein (DAV) dem OeAV mit dem vorrangigen Ziel, eine Partnerschaft zwischen Erholung suchenden Städtern und Bewohnern der Alpentäler herzustellen. Aber schon 1873 schlossen sich beide Vereine zum „deutschen und österreichischen Alpenverein" (DuOeAV) zusammen und steckten ihr Arbeitsgebiet in Deutschland und Österreich ab.

Wegen des zunehmenden Landschaftsverbrauchs durch Straßen und touristische Anlagen setzte sich der Alpenverein 1927 ein zusätzliches Ziel: „Erhaltung der Ursprünglichkeit und Schönheit des Hochgebirges."

1869 gründeten Wiener den „Österreichischen Touristen-Klub" (ÖTK) in dem Bestreben, besonders das Wandern und Bergsteigen im weiteren Umfeld von Wien sowie das Höhenbergsteigen zu fördern. Als nächster alpiner Verein stellten sich 1895 in Wien die „Naturfreude" die Aufgabe, städtischen Arbeiterfamilien kostengünstig Freizeit und Erholung durch Wandern in der Natur und Bergsteigen zu ermöglichen. Bereits 1910 nahmen sie den Naturschutz in ihre Statuten auf.

Die Folgen des Ersten und Zweiten Weltkrieges erforderten organisatorische Änderungen. Südtirol fiel 1919 Italien zu, weshalb der DuOeAV ein „Arbeitsgebiet" im deutschen Sprachraum verlor. Ab 1945 gingen OeAV und DAV wieder getrennte Wege zum gleichen Ziel. In jenem Jahr machten sich die ursprünglich dem DuOeAV angeschlossenen Südtiroler Sektionen als „Alpenverein Südtirol" (AVS) mit der Vereinigung der Bergsteiger deutscher und ladinischer Muttersprache selbstständig.

Die stolze Bilanz der ostalpinen Erschließung durch Vereine (Stand 2013):

DAV: 720 000 Mitglieder, 332 Hütten, 30 000 Kilometer markierte Wege.
OeAV: 415 000 Mitglieder, 241 Hütten, 40 000 Kilometer markierte Wege.
Naturfreunde: 150 000 Mitglieder, 150 Hütten, 20 000 Kilometer markierte Wege.
AVS: 60 000 Mitglieder, elf Hütten, 9 500 Kilometer markierte Wege.
ÖTK: 24 000 Mitglieder, 58 Hütten.
Hinzu kommen noch neun kleine Vereine mit 31 Hütten. In Summe ergibt das 1,37 Millionen Mitglieder, 823 Hütten, 99 000 Kilometer markierte Wege und Hunderte Klettersteige.
Zu den Ostalpen zählt auch noch der 1893 gegründete **„Slowenische Alpenverein"**, dessen 52 000 Mitglieder vor allem in den Julischen Alpen und in den Karawanken 170 Hütten und 7 000 Kilometer markierte Wege betreuen. Der 1863 gebildete **„Club Alpino Italiano"** arbeitet zwar im Trentino, vorwiegend aber in den Westalpen. Somit leisteten die alpinen Vereine einen bahnbrechenden Beitrag zur sanften touristischen Erschließung und wissenschaftlichen Erforschung der Ostalpen. Wo stünde der Tourismus ohne die Hütten, Wege und Klettersteige?

147 Hütten kosteten 20,1 Millionen Euro

Im ersten Jahrzehnt seines Bestandes baute der Österreichische Alpenverein (OeAV) schon acht Hütten. Diese Zwischenbilanz ist danach zu bewerten, dass Private in den Ostalpen zwischen 1618 und 1842 lediglich sieben Schutzhütten errichtet hatten. Zwei Jahre nach dem Zusammenschluss des DuOeAV war 1875 das Bahnnetz in den Ostalpen im Wesentlichen fertiggestellt. Dank dieser „Erleichterung der Bereisung der Alpen" wuchs die Anzahl der AV-Hütten bis 1885 von 17 auf 73 und bis 1895 auf 147. Die AV-Mitglieder trugen die Gesamtkosten des Hüttenbaus von 20,1 Millionen Euro (Geldwert 2013), davon allein 14 200 Euro für einheitliche Wegweiser an den markierten Wegen. Die Anlage von Hütten und Wegen übernahmen die einzelnen AV-Sektionen, weshalb die Hütten auch den Ortsnamen ihrer

▲ Halbwegs auf dem sehr langen Südanstieg aus dem Virgental zum Großvenediger (in diesem Bild aus 1880) stiftete Erzherzog Johann 1858 umgerechnet 2450 Euro zum Bau dieser nach ihm benannte Hütte.

Sektion tragen. Besonders rührig erwies sich die Prager Sektion unter Führung des erfolgreichen Kaufmanns Johann Stüdl. Sie baute in den 18 Jahren zwischen 1868 und 1886 im Bereich Großglockner-Großvenediger neun Hütten. Und Stüdl bezahlte 1868 für die nach ihm benannte Hütte am Fuß des Stüdlgrats umgerechnet 9100 Euro, 1877 kosteten die Payerhütte am Ortler (3029 m) und die Prager Hütte am Großvenediger (2489 m) je 13900 Euro. 1914 standen in den Ostalpen bereits 319 AV-Hütten.
Die erfolgreiche Erschließung der Ostalpen sollte aber Pioniertaten aus früherer Zeit nicht in den Schatten drängen. 1822 kurierte der bergbegeisterte Erzherzog Johann (1782–1859) in Badgastein eine Verletzung der Schulter aus, widmete aber „die meiste Zeit Fußreisen in die höheren und höchsten Bergesgegenden". Ab 1826 verbrachte Johann beinahe jeden Sommer in Badgastein. 1829 ließ er für die Kurgäste einen Weg über knapp 1500 Höhenmeter auf den Gamskarkogel (2467 m) und auf dem Gipfel der prächtigen Rundsicht wegen eine Hütte anlegen. Sein Versuch, den Großvenediger zu bezwingen, scheiterte 1828 an einem glimpflich verlaufenen Lawinenunglück, und seine Suche nach einem Übergang von Heiligenblut nach Kaprun endete 1834 nahe der Gamsgrube oberhalb der Pasterze. Dieses einzigartige Sandbiotop hatte längst schon Botaniker angezogen. Damit die gelehrten Herren nicht fernab der Zivilisation in „Scherm" (Schafställen) nächtigen mussten, ließ ihnen Johann eine eher spartanische Hütte dort bauen, wo heute die Hofmannshütte steht.

◀ Der 1828 von Erzherzog Johann organisierte Versuch der Erstbesteigung des Großvenediger über die steile Nordwestflanke scheiterte an einer Lawine, die den Anführer über die Randkluft schleuderte. Er kam mit schweren Prellungen davon.

1841 organisierte der Mittersiller Pfleger Ignaz von Kürsinger die Erstbesteigung des Großvenediger. Damit Bergsteiger später auf dem sehr langen Anmarschweg einen tauglichen Stützpunkt vorfänden, errichteten seine Mitarbeiter 1842 dort eine kleine Hütte, wo heute die Kürsingerhütte steht. Für die Hütten der Frühzeit gilt: Besser spartanisch als kein Unterstand oder die häufig kritisierten „entomologischen Plagen" (Ungeziefer) in einem „Scherm".

Die großen Pioniere des Bergsteigens

Aus den Ostalpen stammen viele Spitzenalpinisten. Sie alle stehen auf den Schultern der großen Pioniere, welche die Erschließung der Ostalpen in Gang gesetzt haben.

Peter Carl Thurwieser (1789–1865) war zu schwächlich, um die Mühle seines Vaters im Unterinntal zu übernehmen. Deshalb studierte er in Salzburg Theologie und lehrte dann an der Theologischen Fakultät das Alte Testament. Seine Freizeit verbrachte er in den Bergen. Er bestieg Dutzende Gipfel zwischen Dachstein und Ortler, viele davon als Erster, und zeichnete seine Erfahrungen minutiös auf. Daher wissen wir auch, dass er den Gaisberg bei Salzburg (1286 m) 480 Mal bestiegen hat. Seine Leistungen weisen ihn als den bedeutendsten Alpinisten der „Gründerzeit" aus.
Der Ötztaler **Franz Senn** (1833–1884), berühmt als „Gletscherpfarrer von Vent", wollte die Not der Bauern im „abgelegenen Winkel des finsteren, uncultivierten Bärenlandes" (Ötztal) durch Partnerschaft mit Erholung suchenden Städtern lindern: Anlage von Wegen und Ausbildung von Führern. Weil er dafür im stark wissenschaftlich ausgerichteten OeAV zu wenig Interesse fand, gründete er mit mehreren „Dissidenten", darunter dem Prager Johann Stüdl, 1869 den Deutschen Alpenverein (DAV). Seine Bedeutung als Erschließer der Ötztaler Alpen belegen Fakten: Er bestieg als Erster nahezu alle bedeutenden Ötztaler Dreitausender und legte mit Helfern einen 22 Kilometer langen Weg von Vent über den Hochjochferner und das Hochjoch (2875 m) in das Schnalstal an.

▲ 14 Jahre nach dem Observatorium auf dem Sonnblick (3 106 m) wurde auf der Zugspitze (2 962 m) die zweite meteorologische Station auf einem Gipfel der Ostalpen eröffnet.

Der Prager Kaufmann **Johann Stüdl** (1839–1925) „entdeckte" 1867 das abgeschiedene Kals und erkannte sogleich das touristische Potenzial der Glocknergruppe. Bereits 1869 gründete er in Kals den ersten Bergführerverein in den Ostalpen und versorgte ihn mit Rucksäcken statt der unzweckmäßigen Tragkörbe („Buckelkraxen"). Mit dem jungen Münchner Karl Hofmann und seiner AV-Sektion Prag setzte er die Erschließung der Glockner- und Venedigergruppe in Gang – unter anderem durch Hüttenbauten und die erste Glockner-Monografie. Der geborene Innsbrucker Kaufmann, Reserveoffizier und Turnlehrer **Ludwig Purtscheller** (1849–1900) unterrichtete von 1877 bis 1899 am Gymnasium in Salzburg. Er zählte als Kletterer und Autor von fast 90 Publikationen zu den Pionieren des „führerlosen Bergsteigens" und mit der Erstbesteigung des Kilimandscharo (1889) und des Elbrus (1890) auch des Expeditionsbergsteigens.

Den Wiener Juristen und OeAV-Mitbegründer **Paul Grohmann** (1838–1908) vermerkt die Alpingeschichte als „Columbus der Dolomiten", die bei seinem ersten Besuch 1860 „noch keine Fremdenbesuche" aufwiesen. Zwischen 1860 und 1870 glückte ihm mit einheimischen Führern wie Peter Salcher, Franz Innerkofler, Angelo Dimai und Santo Siorpaes die Erstbesteigung nahezu aller bedeutenden Dolomitengipfel – allerdings „nicht der Aussicht wegen, sondern um Schwierigkeiten zu bezwingen". Damit leitete Grohmann die Epoche des Kletterns ein. Seine Rolle als Erschließer der Dolomiten festigten sein Buch „Wanderungen in den Dolomiten" (1877) und die erste für Alpinisten taugliche Landkarte der Dolomiten.
„**Paschg** aus Gastein, Bauer" – mehr wissen wir nicht über jenen Mann, der 1762 als Erster einen Dreitausender der Alpen (Ankogel 3 252 m) bestiegen hat.

1843 – Geburtsjahr der Klettersteige

Der Geografieprofessor Eduard Richter prägte 1891 in seinem dreibändigen Standardwerk „Die Erschließung der Ostalpen" den Begriff „Kunst des turnerischen Kletterns". So bewertete er eine Entwicklung, die um die Mitte des 19. Jahrhunderts in den Dolomiten eingesetzt hatte: Kletterer „turnten" durch vermeintlich unbezwingbare Wände zu Gipfeln hinauf. Schon 1843 hatte der Wiener Professor Friedrich Simony, der touristische Erschließer der Dachsteingruppe, eine Hilfe ersonnen, damit auch weniger „turnerisch" Veranlagte ein Klettererlebnis bekämen. Mit Sprengstoff, Eisenzapfen, Handhaken, einem Schiffstau und aus dem Fels gemeißelten Tritten bahnte er einen Klettersteig durch den Gipfelaufbau des Dachstein – den ersten in den Ostalpen. Johann Stüdl, der touristische Erschließer der Glocknergruppe, folgte 1869 Simonys Beispiel mit einem 400 Meter langen und im Fels verankerten Seil über den luftigen Stüdlgrat auf den Großglocknergipfel. 1873 bauten die Bayern einen Klettersteig auf die Zugspitze und 1899 eröffneten die Allgäuer den „Heilbronner Weg". Damit auch die Wiener fernab der Hochalpen nicht zu kurz kämen, errichteten sie Klettersteige an ihren Hausbergen Rax (1894) und Schneeberg (1906).

Die Dolomiten folgten diesem Trend erst spät, dafür aber zünftig: 1903 mit einer „Via ferrata" („Eisenweg") über den Marmolata-Westgrat und 1912 mit dem anspruchsvollen Pößneckersteig vom Sellajoch auf das Sella-Hochplateau. Der unter fürchterlichen Opfern von 1915 bis 1918 geführte Dolomitenkrieg hinterließ viele Steige durch schwindelerregendes Felsgelände. Diese Anlagen boten sich nach dem Zweiten Weltkrieg zur friedlich-alpinistischen Umgestaltung in gesicherte Klettersteige an. Das löste ab den Siebzigerjahren in den Ostalpen einen Boom aus.

▶ Klettertechnik 1885, dargestellt in Emil Zsigmondys „Gefahren der Alpen".

Alte Spuren und Wegweiser

Den Begriff „Orientierung" prägte das Christentum. Mit dem Satz „Ex Oriente Lux" (Licht des Glaubens aus dem Orient) gab es den Europäern einen spirituellen und geografischen Anhaltspunkt. Trügen Siedlungen, Berge, Gewässer, Straßen, Höfe oder Fluren keine Namen, so stünden wir ohne Orientierungspunkte ziemlich hilflos in der Gegend. Alle diese Namen erzählen uns von der Geschichte der Besiedlung, von Berufen oder von Arbeitsweisen. In den „Alpen" steckt der keltische Begriff für „hoch" und in den „Tauern" für „Übergang". Lateinische Orientierungspunkte hielten sich – auch als Vor- oder Nachsilben – bis heute: „Gamp" oder „Tschamp" für Feld (campus), „Gois" oder „Gols" für Hügel (collis). Ebenso alt ist der Jaufenpass (iugum = Joch) oder Vesul (valle sola = einsames Tal).

Nach dem Abzug der Römer im 5. Jahrhundert siedelten Slawen südlich des Alpenhauptkamms und Bajuwaren nördlich davon. Knapp vor dem Hochtor durchschneidet die Glocknerstraße das „Nassfeld" und jenseits des Passes die „Mesenaten" (mizinat = moorig), das slawische „Nassfeld". Nach der Völkerwanderung leisteten die Menschen beider Sprachgruppen die grundlegende Kulturarbeit des Rodens. Das dokumentieren Flur- und Ortsnamen mit „Maiß" (ahd. maizan), Schwendt, Gschwand und Reith („schwenden" oder „reuthen"). Rodung bezeichnen auch slawischen Namen wie „Lasa" oder „Laz". Viele alpine Flurnamen entstammen der Jagd: Spielberg (Balzplatz des Spielhahns), „Hirz"– (Hirsch) und „Leck"- oder „Gleck"– (Leckstein für Wild). Andere Begriffe bezeichnen landwirtschaftlich Genütztes: „Langesthei" (Langes = Lenz = Frühjahr, Thaia = Alm), „Sedel" (Ruheplatz für Wild und Rinder), „Galtür" (cultura = beackertes Land) oder die vielen „Gaisberge", die keiner Erklärung bedürfen. Auf dem Valfagehrjoch am Arlberg endet das „Kuhtal" (vallis vacaria). Im „Klauswirt" und im „Klausbach" steckt die „Klause" (claudere = versperren), nämlich eine künstliche Talsperre, die einen kleinen See aufstaute. Um den mühsamen Holztransport aus engen Tälern zu erleichtern, schnitten Holzknechte Stämme auf circa 3 Meter lange „Drehlinge" und stießen sie in den Bachgraben. Dann öffnete man das „Portal" der Talsperre und ein künstliches Hochwasser schwemmte die Drehlinge bis zu den Rechen im besiedelten Raum. „Verklausen" beschreibt heute noch die Gefahr, dass Treibholz den Abfluss von Hochwasser verhindert. Wetterstein, Wolkenstein oder Donnerkogel verweisen auf die Brutstätten von Gewittern. Berge erhielten Namen auch wegen ihrer Gestalt wie „Furka" oder „Furkel" (= Gabel), nach Sagen (Venediger von den geheimnisvollen Venedigermandln) oder der Tobel (tuba = Trichter).

Am Ende einer jahrtausendelangen Entwicklung können wir uns dank eindeutiger Orientierungspunkte, präziser Landkarten und Wegweiser zielsicher auf den Weg rund um den Langkofel oder auf den Hochkönig machen.

Franz Keil – bahnbrechender Alpenkartograf

Den Pionieren des Bergsteigens standen nur ortskundige Einheimische als Führer zu Gebote, weil die bestehenden Landkarten zur Orientierung in den Alpen nicht taugten. Durchgreifenden Wandel schuf erst der Alpinist und Kartograf **Franz Keil** (1822–1876), berühmt für seine exakten Gebirgsreliefs. Als Neuheit vermerkte er ab 1857 in seinen Landkarten im Maßstab 1: 48000 Bergnamen, Gipfelhöhen, Almen, bestehende Wege und vor allem Höhenschichtlinien. Zu den ersten Mitgliedern des OeAV zählten auch Geografen. Und so stellte sich der Verein 1867 die Aufgabe, Keils Vorgabe mit alpinen Landkarten im Maßstab 1: 25000 fortzuführen und Höhenschichtlinien einzuzeichnen, damit der Benützer auch Gelände und Gefälle abschätzen konnte. Damit setzte die AV-Kartografie Maßstäbe, die bis heute gelten.

Eine Tochter der Mutter Latein

Das Kernland der Dolomiten rings um die Sella lag bis in das 19. Jahrhundert fernab der großen Verkehrswege. Deshalb hielt sich dort bis heute eine eigenständige Tochter der Mutter Latein: Ladinisch, gesprochen von rund 40000 Ladinern. Sie widerstanden – wie auch die deutschsprachigen Südtiroler – dem Bemühen des Faschisten Mussolini, die ladinische Ethnie zu „italianisieren" – mit der Behauptung, Ladinisch sei ein „italienischer Dialekt". Ein Vergleich mit dem „Vaterunser" liefert den Gegenbeweis:
Lateinisch: Pater noster, qui es in caelis, sanctificetur nomen tuum. Adveniat regnum tuum. Fiat voluntas tua, sicut in caelo, et in terra.
Italienisch: Padre nostro che sei ne' cieli, santificato sia il nome tuo; venga il regno tuo, sia fatta la volontà tua com in cielo, così in terra.
Ladinisch: Nosc pere dl cil, al sides santifiché to inom, al vëgnes to rëgn, tüa orentè sides fata, sciöche al cil insciö söla tera.

Die dreisprachigen Ortstafeln im ladinischen Siedlungsraum belegen, dass uralte ladinische Ortsnamen nachträglich „italianisiert" wurden. Beispiele in der Reihenfolge Deutsch, Ladinisch, Italienisch: Gröden – Gherdëina – Gardena; St. Ulrich – Urtijëi – Ortisei; St. Leonhard – San Linert – San Leonardo; Kastelruth – Ciastel – Castelrotto oder auch Langkofel – Saslonch – Sassolungo. Ladinisch ist und bleibt daher ein wertvoller Stein im Mosaik der kulturellen Vielfalt Europas.

Schießpulver schützt vor Sonnenbrand

Auch in der Alpinistik kann man Fortschritt am Wandel technischer Hilfsmittel und wissenschaftlicher Einsichten bemessen. Die ersten Ratschläge für Bergsteiger gab der Schweizer Naturwissenschafter Josias Simler 1574 in seiner Alpenmonografie: gefärbte Brillen, Steigeisen sowie beim Queren von Gletschern Schneereifen, Seile um den Bauch und lange Stangen zum Aufspüren von Spalten. Um 1800 tauchte die Empfehlung auf, im Hochgebirge gefärbte Gesichtsschleier zu tragen, statt sich das Gesicht mit Schießpulver als Sonnenschutz einzureiben.

40 Jahre später folgte dafür die Begründung: „Einige Tage auf hohem Berge schwärzen die Haut mehr als ein ganzer Sommer in Neapel", zumal ein „bedeckter Himmel oder Nebel auf Gletschern viel schädlicher als reiner Himmel" sei. Man erkannte somit das Problem, wusste aber noch nichts über UV-Strahlung und hatte daher auch keine Cremes mit Sonnenschutzfaktor.

Der Bericht über die Glocknerexpedition von 1800 warnt vor dem Genuss des Gletscherwassers, weil es „zur Unzeit starkes Abweichen verursacht". Es sei nämlich sehr unangenehm, „bei Sturmwind der Natur den Zoll zu entrichten". Daher trank man Wasser nur „mit Wein vermengt, den wir in Menge zu uns nahmen". In der Folge wurde einigen Teilnehmern „schwindelicht und sie konnten ohne Führer keinen Schritt mehr gehen".

Andererseits schaffte **Pater Corbinian Steinberger**, 1854 Erstbesteiger der Königsspitze, 1851 nur „mit einem Seidel Wein (= 1/3 l) und einem Stück Hausbrot versehen" an einem Tag allein die Gewalttour von Heiligenblut über 2 600 Höhenmeter auf den Großglockner und zurück.

Die Jause der Bergsteiger bestand noch nach dem Zweiten Weltkrieg aus „Kraftnahrung" wie Speck, Wurst und Käse, weil man nicht wusste, dass die Fettverbrennung sehr viel Sauerstoff verbraucht, der dann dem Bergsteiger fehlt. So versorgte sich 1850 eine Gruppe für die Tour auf den Ortler mit „Braten, Brot, Schmalz, Chocolade, Kaffeepulver, 2–3 Maaß Wein (1 Maß = 1,4 l) und verdünnter Säure, um den brennenden Durst auf eisigen Höhen zu mildern". Aus 1871 stammt dieser Rat: „Das Trinken verspare man so lange wie möglich, denn ist der Durst einmal gestillt, kehrt er immer wieder", und „Kaffee stillt Hunger und Durst am leichtesten". Noch vor 50 Jahren galt für „zünftige Bergsteiger" die Regel, Durst mannhaft auszuhalten.

Aus jener Zeit stammt auch die Klage, dass von einheimischen Schustern hergestellte Schuhe „vorzüglich für Holzknechte und Jäger passen, nimmermehr aber für den zarte Bekleidung heischenden Fuß von Städtern oder Flachländern". Man besorge sich also englische Bundschuhe.
An der Erstbesteigung des Großvenediger nahm 1941 erstmals auch ein „Expeditionsarzt" teil: Dr. Franz Spitaler registrierte mit zunehmender Höhe „Kurzathmigkeit, Übelkeit, Erbrechen, Schneeblindheit, Beängstigung in der Brust, gefrorne Zehen [in durchnässten Schuhen], gänzliche Erschöpfung aller Kräfte und unbezwingbaren, brennenden Durst". Rätselhaft erschien ihm aber, dass trotz höchster Anstrengung bei sinkender Temperatur niemand mehr schwitzte und die 40 Expeditionsteilnehmer auf dem neunstündigen Hin- und Rückmarsch über den Gletscher auf dem Schnee „nur neunmal Spuren von Harnexkretion" hinterließen. Man wusste noch nicht, dass der Mensch Flüssigkeit abatmet.

Bahnbrechende Fortschritte: Um 1860 verdrängte der Rucksack die „Buckelkraxen" und über eine Schulter geschlungene Beutel; und nach dem Zweiten Weltkrieg ersetzte die 1937 erfundene Profilsohle die dicht benagelten Ledersohlen schwerer Bergschuhe.

„Unterricht in Bergreisen" anno 1797

„Ein Bergreisender muss nie beweibt seyn. Liebt er seine Gattin, verliert er bei der Trennung viel von seinem Muthe. Lange und öftere Abwesenheit vom schönen Geschlechte macht, dass dasselbe Gesinnungen annimmt, welche die häusliche Glückseligkeit mindestens nicht befördern." Das steht im

„Unterricht in Bergreisen", 1797 verfasst von Professor Belsazar Hacquet de la Motte. Dieser weitum geschätzte Anatom, Chirurg, Geologe und Botaniker durchstreifte zwischen 1770 und 1780 die Alpen zwischen Karpaten und der Schweiz und beschrieb sie als Erster in fünf voluminösen Bänden.

Aus seinen Ratschlägen für Bergsteiger: „Wilddiebe sind die besten Geleiter, denn sie wissen sich aus der größten Gefahr herauszuhelfen. Sie sind unermüdet, abgehärtet, können große Lasten tragen, wissen alle Schlupfwinkel ihres Gebirges und man ist sicher, bei ihnen nicht zu verhungern." In das Hochgebirge nehme man eine doppelläufige Pistole mit zur Abwehr „großer Geyer, die auf einen Jagd machen und mit ihren mächtigen Flügeln zu Boden oder in die Abgrüfte schlagen".

Beträchtliche alpinistische Erfahrung bewies Hacquet, als er 1779 bis zum Rand der Pasterze vordrang, die Höhe des Großglockners auf 3 900 Meter (um 102 Meter zu viel) schätzte und den Anstieg nur von Süden her für möglich hielt. Der Einbruch von Schlechtwetter verhinderte die geplante Probe aufs Exempel, doch die Erstbesteiger folgten 1800 diesem Rat.

1791 verteufelte Hacquet das lukrative Geschäft mit dem Speik in den Kärntner Nockbergen. Diese herb durftende Pflanze wurde damals tonnenweise als begehrtes Räucherwerk, gegen Insekten, als Heilkraut sowie als Zusatz zu Bädern und Seifen bis in den Orient und nach Westafrika verschifft. Hacquets beispielhaft ökologischer Befund: „Speiksammler wühlen ganze Berghänge um, worauf Regengüsse auf ewig ganze Strecken entblößen, wo also nicht der geringste Anflug von Pflanzen mehr statthaben kann und ein wenig fremdes Geld dem Land dreymal mehreren Schaden zufügt."

▶ 41 Mann machten sich 1841 an die Erstbesteigung des Großvenediger, doch 14 von ihnen erreichten den Gipfel wegen „Entkräftung" nicht.

Almen prägen den Charakter der Alpen

In den Ostalpen bestehen rund 12 000 Almen auf einer Fläche von knapp 13 000 Quadratkilometern (= ungefähr die Größe Tirols), auf denen annähernd 410 000 Rinder – rund ein Drittel des Gesamtbestandes – den Sommer verbringen. Zwei Drittel des Almviehs sind Rinder, 30 Prozent Schafe und Ziegen sowie 3 Prozent Pferde. Almen prägen also den Charakter der Ostalpen.

Nach den Pestepidemien nahm die Bevölkerung stark zu. Daher schickten die Bauern ihr Vieh im Sommer auf Bergwiesen, um wegen des steigenden Bedarfs an Lebensmitteln die Talböden für Ackerbau zu nutzen. So entwickelte sich die Almwirtschaft vornehmlich auf den Grasbergen. Zum romantischen Bild der Almen gehören (einst „spartanische") Hütten, das Gebimmel des Almviehs und die Sennerin, deren harte Arbeit bereits viele Städter übernehmen, um den Stress gegen das einfache Leben zu tauschen. Einem städtischen Topografen fiel 1796 offensichtlich fantasievoll Angereichertes auf: „Der meisten Sendinnen Lieblingsgetränke ist Branntwein, wobey sie sich auch sehr wohl befinden. Wöchentlich liefern sie von der gesammelten Milch Butter, Schotten, Schmalz und Käse" – in die Täler, wäre noch hinzuzufügen. In Vorarlberg galt es als Ausweis für fleißige Arbeit, wenn das Almpersonal im Herbst mit möglichst verschmutzter Kleidung in das Tal zurückkam.

Nach einem Bericht von 1851 ist „Ochsenzucht das Hauptgewerbe in den Alpentälern". Daher importierten Tiroler Bauern Jungstiere um 200 Euro (Geldwert 2013) und exportierten sie nach drei Jahren Mast um den sechs- bis achtfachen Betrag. Und Lungauer Bauern belieferten die Fleischtöpfe der Salzburger jährlich mit 500 Mastochsen. Davon zeugen noch zahlreiche (verwaiste) „Ochsenalmen". Ehe ab 1935 Traktoren den Bauern die harte Arbeit zu erleichtern begannen, dienten Ochsen als Zugtiere und im „Nebenerwerb" als Vorspann auf den steilen Passstraßen. So notierte der französische Staatsmann und Literat François-René de Chateaubriand (1768–1848) über seine Reise von Padua nach Prag im September 1833 Bemerkenswertes: Auf dem Katschberg lag bereits Schnee, weshalb den beiden Pferden seiner Kutsche „drei Paare Ochsen vorgespannt werden mussten".

Almhütten verfügen wie alte oder industriell nachgebaute Bauernmöbel und Holzdecken über den Reiz des vermeintlich „Rustikalen". Als „rustikal" gilt aber auch ein ungehobelter Mensch oder ein hinterhältiges Foul im Fussball. Allerdings bezeichneten die Römer mit „rusticus" einen Tölpel vom Land, der Bauer hieß „agricola" – „Pfleger des Ackers". Das setzt Fachkenntnisse und nicht einen „Tölpel" oder die ritualisierten Umgangsformen städtischer Eliten voraus.

Eine Reise in die Arktis

Der Klimawandel löste ab 1880 inneralpin einen Temperaturanstieg um 2 Grad aus. Daher rücken auch die Höhenstufen der Vegetation bergwärts. Etlichen „Hochalpinisten" unter den Pflanzen – etwa dem Gletscherhahnenfuß – wird es in Gipfelhöhe zu warm. Weil sie nicht mehr höher hinauf ausweichen können, droht ihnen das Aussterben. Gleichzeitig wandern andere Pflanzen bergan. Und mediterrane Arten, die in der „kleinen Eiszeit" im 16. Jahrhundert ihren alpinen Lebensraum verloren, siedeln sich ganz unten wieder an. Wer heute von den Alpentälern über 3000 Höhenmeter auf Dreitausender steigt, durchmisst alle Höhenstufen von den Äckern und Obstgärten bis in die Region der Felsen und Gletscher. Das entspricht einer 4000 Kilometer langen botanischen Reise von den Ostalpen in die Arktis.

1
2
3
4
5
6

Arlberg / Lech

Hoch über Lech (1 444 m) erfasst der Rundblick den Arlberg, die Ferwallgruppe und die Silvretta. Das Tal nach rechts endet bei den Quellen des Lech und beim Rauhen Joch, dem Übergang nach Bludenz. In Lech zweigt das Tal nach Zürs und zum Flexenpass (1 773 m) ab, der den Wall der Lechtaler Alpen durchschneidet. Dahinter verläuft die Verbindung von Vorarlberg durch das Klostertal und über den Arlbergpass in das Stanzertal, das bei Landeck in das Inntal mündet. Hinter dieser Furche stehen die Dreitausender des Alpenhauptkamms.

Am Arlberg wurde Skigeschichte geschrieben: Der Lilienfelder Techniker Mathias Zdarsky legte 1897 mit seiner „Alpinen Skilauf-Technik“ die Basis des modernen Skilaufs, dem der Arlberger Hannes Schneider mit der von ihm 1907 gegründeten Skischule weltweit zum Durchbruch verhalf. Dazu trugen auch mehrere Spielfilme mit dem brillanten Skifahrer Schneider bei.

Blickrichtung Süden
1 Hoher Riffler (3 168 m) 2 Weißkugel (3 739 m)
3 Kuchenspitze (3 148 m) 4 Fluchthorn (3 399 m)
5 Patteriol (3 056 m) 6 Zürs (1 717 m) 7 Piz Buin (3 312 m)
8 Bernina (4 049 m, 135 km entfernt) 9 Omeshorn (2 557)

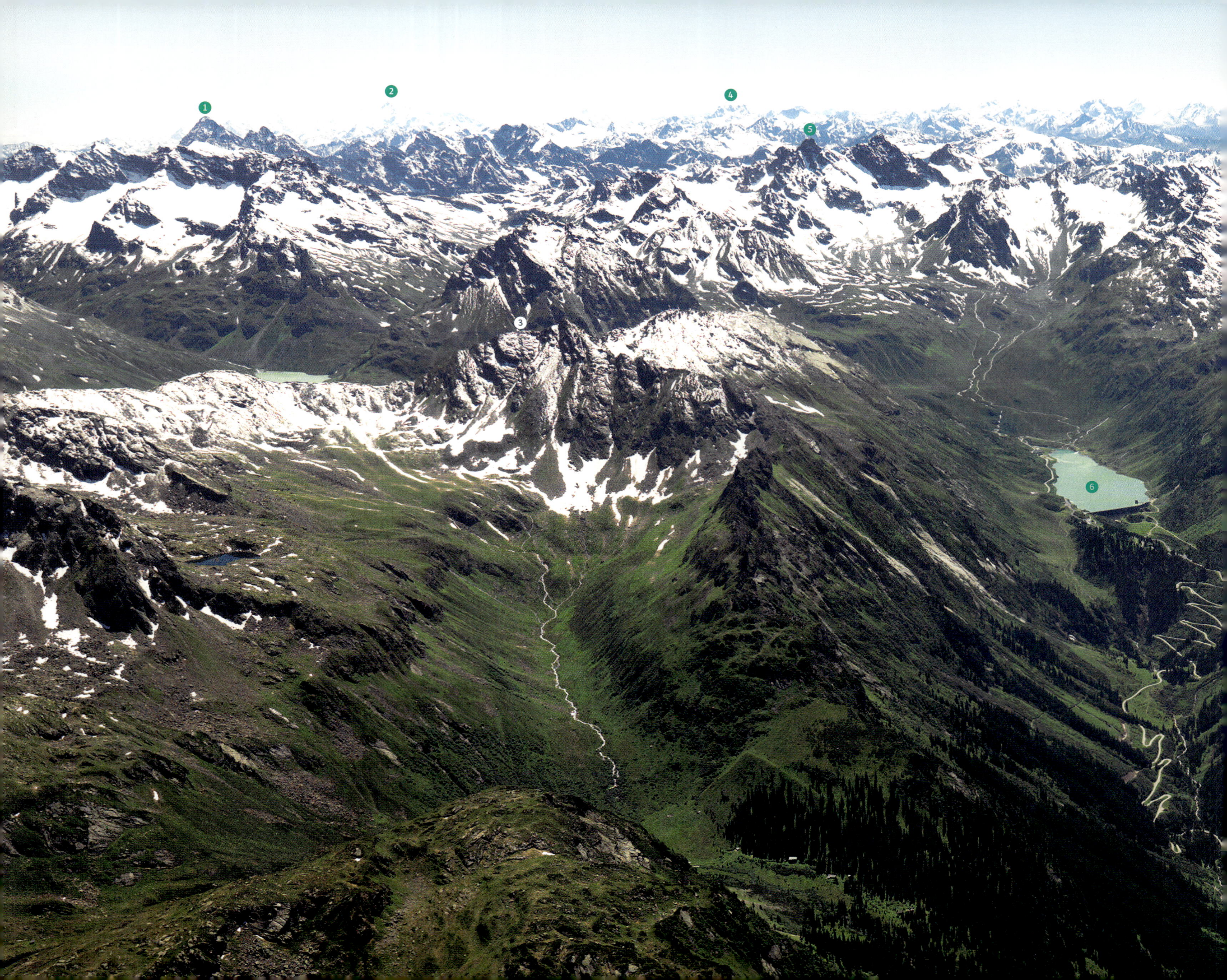
1
2
4
5
3
6

Silvretta

Im Montafoner Talschluss beginnt die 1954 eröffnete 23 Kilometer lange Silvretta-Hochalpenstraße über die Bielerhöhe (2037 m) in das Tiroler Paznauntal. Sie entstand aus dem Zusammenschluss mehrerer Werksstraßen des Kraftwerksbaus von 1925 bis 1951. Dahinter steckte eine clevere Idee: Vorarlberg verfügte über reichlich Wasserkraft, aber zu wenig Kapital, die Industriezentren in Württemberg und im Rheinland hatten Kapital, aber zu wenig Strom. Also schlossen sich beide zum Bau der Speicherkraftwerke in der Silvretta zusammen – mit dem Nebeneffekt, dass so auch die Stromversorgung Vorarlbergs gesichert war.

Von Partenen steigt die Hochalpenstraße zum Vermunt-Stausee, schwenkt nach links hinauf zum Silvretta-Stausee, von dem noch das südliche Ufer sichtbar ist, und fällt dann sanft in das Paznauntal ab. Links außerhalb des Bildes ist der Kops-Speicher, dessen Wasser zwei Kavernenkraftwerke in Partenen betreibt – ein Beispiel dafür, dass Kraftwerke eine Landschaft nicht beeinträchtigen müssen.

Blickrichtung Süden
1 Piz Linard (3411 m) 2 Bernina (4049 m)
3 Schattenkopf (2664 m) 4 Piz Kesch (3418 m)
5 Großer Litzner (3109 m) 6 Vermunt-Stausee (1750 m)
7 Rotbühelspitze (2853 m) 8 Madrisahorn (2826 m)
9 Albula Alpen (110 km entfernt)

1
2
3
4

Zentralalpen/Nauders

Hoch über Nauders blickt man auf das Grenzgebiet der Silvretta zwischen Österreich und der Schweiz. Der höchste Gipfel, der Piz Linard, steht im schweizerischen Graubünden, 2000 Höhenmeter über dem Engadin. Der Piz Buin markiert die Grenze – auch zwischen Rätoromanisch und Deutsch. Markantester Grenzpunkt ist die mittelalterliche Befestigung Finstermünz in einer Schlucht, durch die sich der Inn zwängt.

Nauders spielte zwei Jahrhunderte lang eine wichtige Rolle als Straßenstation Inutrium an der Via Claudia Augusta von Oberitalien nach Augsburg. Kaiser Augustus hatte 15 v. Chr. die Grenze gegen die Germanen bis zur Donau vorgeschoben und durch den Bau von Heeresstraßen über den Reschenpass (1507 m) und den Radstädter Tauern (1741 m) gesichert. In Nauders konnten die Reiter der Staatspost oder hohe Beamte nächtigen und die Pferde wechseln. Allerdings verlor diese Station ihre Bedeutung, nachdem Kaiser Septimius Severus (193–211) den um 50 Kilometer kürzeren Weg über den Brenner (1368 m) nach Augsburg gebaut hatte.

Blickrichtung Westen

1 Bernina (4049 m) 2 Piz Lad (2808 m)
3 Piz Kesch (3418 m) 4 Piz Linard (3411 m)
5 Piz Buin (3312 m) 6 Fluchthorn (3399 m)
7 Muttler (3294 m) 8 Kuchenspitze (3148 m)

1
2
3
4
5
6
7

Zentralalpen / Reschen

Gegen den heftigen Widerstand der Bevölkerung wurden drei natürliche Seen zum sechs Kilometer langen Reschenstausee als Speicher für das Kraftwerk Glurns zusammengefasst. In diesem Stausee verschwand das Dorf Graun, von dem nach der Umsiedlung der Bevölkerung in ein neues Dorf nur mehr der romanische Kirchturm aus dem Wasser ragt. Das Kraftwerk ging 1950 in Betrieb und erzeugt 248 Millionen kWh Strom, der theoretisch den Bedarf von 71 000 Haushalten decken würde.

Mittlerweile wurde dieser See hart an der österreichischen Grenze zu einer touristischen Attraktion, zu der natürlich auch das Ortler-Panorama beiträgt. Im Vordergrund das Dorf Reschen und links auf dem Schwemmkegel an der Mündung des Langtauferertals das neue Dorf Graun. Im Hintergrund vor dem Ortler das mittelalterliche Städtchen Glurns. Dort zweigt nach rechts das Tauferertal in die Schweiz und nach links der Vinschgau nach Meran ab.

Blickrichtung Süden

1 Zufrittspitze (3 439 m) 2 Angelus (3 521 m)
3 Vertainspitze (3 545 m) 4 Cevedale (3 769 m)
5 Königspitze (3 851 m) 6 Ortler (3 905 m)
7 Mals (1 051 m) 8 Corno Dosto (3 232 m)
9 Sesvenna (3 204 m)

1
2
3
4

Ortler / Sulden

Den vornehmen Wiener Herrschaften lieferte der 36-jährige Kaiser Franz das alpinistische Ereignis des Jahres 1804: Er bestieg Niederösterreichs höchsten Berg, den Schneeberg (2075 m). Die alpinistische Großtat jenes Jahres schaffte allerdings der Passeirer Gämsenjäger Josef Pichler mit der Erstbesteigung des höchsten Berges der Monarchie – des Ortler (3906 m). Erst 1854 gelang dem Franziskaner Korbinian Steinberger die Erstbesteigung der Königspitze (3851 m). Und der Zebrù (3735 m) zwischen diesen beiden Riesen fiel erst 1866.

Die drei Geröllfelder unterhalb des Ortler zeigen an, wie stark die Gletscher seit 1850 geschrumpft sind (von links): der Suldenferner um 3 Kilometer, der End-der-Welt-Ferner um 1,5 Kilometer und der Maritferner um 1 Kilometer. Sie hinterließen die riesigen Geröllmassen, die ihnen die Erosion des Ortler aufgeladen hatte.

Auf dem Ortler und der Königspitze standen die höchsten Geschützstellungen des Ersten Weltkriegs.

Blickrichtung Südwesten
1 Königspitze (3851 m) 2 Zebrù (3735 m)
3 Ortler (3906 m) 4 Bernina (4049 m, 130 km entfernt)
5 Sulden (1906 m) 6 Piz Kesch (3418 m)

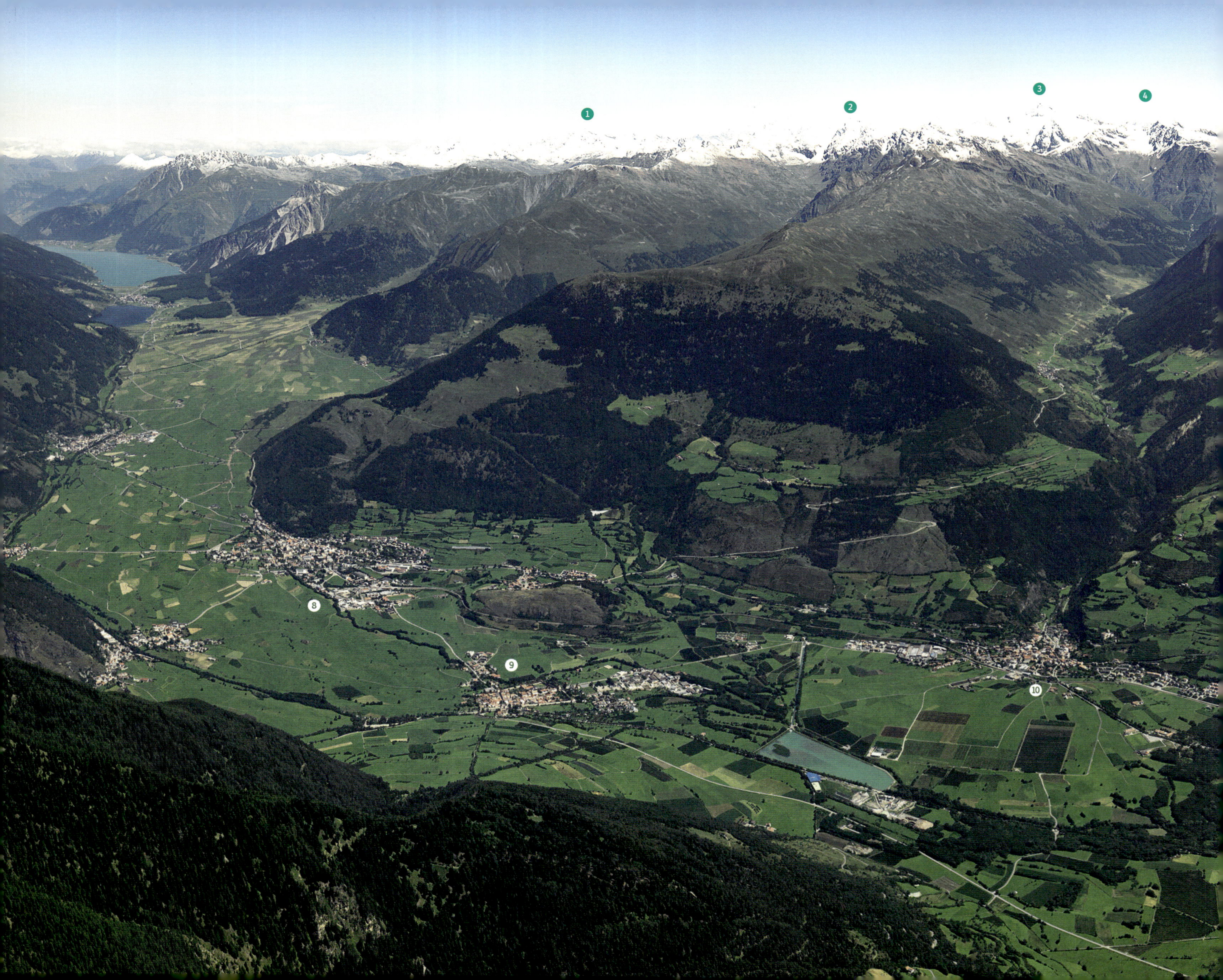

1
2
3
4
8
9
10

Oberer Vinschgau

Der Vinschgau ist das regenärmste Tal der Alpen und deshalb jährlich mit rund 300 Sonnentagen gesegnet. Um aber die Versorgung mit dem Überlebensmittel Wasser zu sichern, entwickelten die Vinschgauer spätestens seit dem 10. Jahrhundert das Bewässerungssystem der „Waalen": möglichst horizontal angelegte kleine Wasserkanäle, die bis in Höhen um die 2500 Meter das Wasser aus Bächen beziehen und klar geregelt auf Höfe und Felder an den Bergflanken verteilen. Noch Mitte des 20. Jahrhunderts maß dieses Bewässerungssystem knapp 600 Kilometer Länge.

Eine ebenso intelligente Lösung sichert dem Vinschgau den Rang eines riesigen Obstgartens: Droht vor allem zur Blütezeit im Frühling Nachtfrost, so werden die Obstkulturen mit Wasser besprüht, das die Blüten in Eis hüllt und bis zu minus neun Grad Frost vor dem Erfrieren schützt. Genauso verhindert die Eisdecke auf Seen das Durchfrieren des Wassers, weshalb Fische auch den härtesten Winter überleben.

Weit über den Vinschgau hinaus beliebt sind auch die „Vinschgerln", ein flaches Fladenbrot aus Roggen-Sauerteig mit hohem Anteil an Kruste.

Blickrichtung Norden
1 Glockturm (3355 m) 2 Weißseespitze (3526 m)
3 Weißkugel (3739 m) 4 Wildspitze (3770 m)
5 Finailspitze (3514 m) 6 Similaun (3599 m)
7 Hochwilde (3420 m) 8 Mals (1051 m)
9 Glurns 10 Schluderns

1
2
3

Zentralalpen/Kaunertal

In den napoleonischen Kriegen erwies sich 1799 das Weißseejoch (1968 m, hinter dem Glockturm) als Schlupfloch für eine verwegene Operation des Generals Laudon. Nachdem er im März ein schweres Gefecht gegen die anrückenden Franzosen in Taufers verloren hatte, zog er sich mit 409 Mann über dieses Joch nach Landeck zurück und vereinigte sich mit jenen österreichischen Truppen, denen schließlich die Vertreibung der Franzosen aus dem Oberinntal und dem Vinschgau gelang.

Vor knapp zwei Jahrtausenden kamen Rätoromanen aus der Schweiz auf der Suche nach Weideland in das Kaunertal. Daher stammen zahlreiche Flurnamen wie „Gepatsch" – „großes karges Feld". Erst mit dem Bau des Speicherkraftwerks Kaunertal und des Gepatschspeichers (1961–1964) kam fühlbarer wirtschaftlicher Fortschritt in dieses 1300 Meter hoch gelegene Tal. 1980 folgte die Erschließung des Weißseeferners im Talschluss für den Gletscherskilauf.

Blickrichtung Süden
1 Wildspitze (3770 m) 2 Watzespitze (3533 m)
3 Weißkugel (3739 m) 4 Königspitze (3851 m)
5 Ortler (3905 m) 6 Glockturm (3355 m)

1
2
3
4

Zentralalpen / Pitztal

Das Pitztal ist ein geradezu klassisches Trogtal, ausgefräst von Gletschern in den Eiszeiten. Mittlerweile haben sich die Gletscher weit in die Höhe zurückgezogen, beließen aber im Pitztal Flächen für Österreichs höchstes Gletscherskigebiet, das vom Gipfel des Hinteren Brunnenkogels (3440 m) herunterzieht.

Dieses Tal zeigt sehr anschaulich die Kraft der natürlichen Erosion: In Felsen einsickerndes Wasser sprengt Gestein los, Niederschläge schwemmen lockere Steine weg, die Schwerkraft zieht Geröll talwärts und hinterlässt lange Halden. Von schweren Gewittern ausgelöste Muren und Lawinen reißen Schneisen durch Wälder und Bergbäche graben sich langsam, aber stetig in den Boden. Dennoch siedelten sich Menschen auf dem schmalen Talboden in Höhen um 1600 Meter an und betrieben Viehzucht.

Blickrichtung Süden:
1 Puitkogel (3145 m) 2 Innere Schwarze Schneid (3367 m)
3 Wildspitze (3774 m) 4 Hinterer Brunnenkogel (3440 m)
5 Weißkugel (3739 m) 6 Hochvernagtspitze (3535 m)

1
2
3
4
5

Zentralalpen / Gurgl und Vent

In Zwieselstein (Vordergrund) spaltet sich das 41 Kilometer lange Ötztal: links das Gurgler Tal, rechts das Venter Tal. Obergurgl (1911 m), das höchstgelegene Kirchdorf der Ostalpen, machte im Sommer 1931 weltweit Schlagzeilen, weil der Schweizer Forscher Auguste Piccard den ersten transalpinen Stratosphärenflug in einer druckfesten Kugel an einem Ballon in 16 Kilometer Höhe hatte abbrechen und auf dem Gurgler Ferner notlanden müssen.

Das Venter Tal gabelt sich hinter Vent nach links Richtung Niederjoch (3019 m) und nach rechts auf das Hochjoch (2861 m). In Vent wirkte Franz Senn von 1860 bis 1872 als Seelsorger, der seinen armen Pfarrkindern durch Anstöße zur touristischen Erschließung eine bessere Zukunft verschaffen wollte. Senn war 1862 Mitbegründer des Alpenvereins und Erstbesteiger nahezu aller Dreitausender rings um seine Gemeinde. Das einst karge Leben in Gurgl und Vent ist daran zu ermessen, dass jemand nur „hereinheiraten" durfte, wenn jemand „hinausgeheiratet" hatte. Es zählte eben jeder Esser.

Blickrichtung Süden
1 Kirchenkogel (3113 m) 2 Hochfirst (3405 m)
3 Hinterer Seelenkogel (3472 m) 4 Obergurgl (1910 m)
5 Nöderkogel (3103 m) 6 Vent (1896 m)
7 Talleitspitze (3406 m) 8 Wildspitze (3770 m)

1
2
3
4
5
6
7
8

Zentralalpen / Schnalstal

Vor 5300 Jahren wanderte ein 160 Zentimeter großer 45-jähriger Mann weglos aus dem Schnalstal über das Niederjoch Richtung Ötztal, geriet in einen Schneesturm, verlor die Orientierung und deshalb auch das Leben. Er überdauerte aber unter einer wachsenden Eisdecke als Europas älteste Mumie – der Ötzi. Bergsteiger fanden ihn 1991 unterhalb der Finailspitze.

Ähnliches drohte einst dem jungen Schnalser Fridolin auf dem Weg über das Niederjoch. Er geriet in einen Schneesturm. Da erschien ein Eismandl und rettete ihn für den Schwur, nie sein Wort und seine Treue zu brechen. Jahre später versprach Fridolin einer armen Bauernmagd die Ehe, nahm dann aber die Tochter eines reichen Bauern zur Frau und beide lebten in Wohlstand. Eines schönen Sommertages machten sich beide auf den Weg über das Niederjoch zu Verwandten im Ötztal. Als sie jenen Platz erreichten, auf dem das Eismandl einst Fridolin gerettet hatte, brach ein Schneesturm los, in dem beide Fridolins Wort- und Treuebruch mit dem Leben bezahlten.

Blickrichtung Nordosten

❶ Wildspitze (3770 m) ❷ Finailspitze (3514 m)
❸ Schrankogel (3496 m) ❹ Niederjoch (3019 m)
❺ Zuckerhütl (3507 m) ❻ Similaun (3599 m)
❼ Hochwilde (3480 m) ❽ Vernagt-Stausee (1680 m)

Viehtrieb über hohe Joche

Der älteste „transalpine" Viehtrieb überquert seit 1415 bis heute die Ötztaler Alpen. Damals gestattete ein Vertrag zwischen Schnalstaler und Venter Bauern den Südtirolern, jeden Sommer rund 2500 Schafe auf dem alten Schmugglerweg von Schnals (1500 m) über das Niederjoch (3019 m) und den Niederjochferner auf Weiden im Venter Niedertal (ca. 2000 m) zu treiben. Eine mühselige Aufgabe erwartet die Treiber allerdings, wenn sie die geschickten Schafe im hochalpinen Gelände für den Rückmarsch „einsammeln" müssen. Dieser Viehtrieb steht seit 2011 im Nationalen UNESCO-Verzeichnis des immateriellen Kulturerbes.

Wenn der Südföhn über die Ostalpen fegt, bringt er den Tälern nördlich des Alpenhauptkammes warmes Prachtwetter, während sich im Süden dichte Regenwolken am Alpenhauptkamm stauen. Der Krimmler Tauern gilt als starker „Föhnkanal", weshalb der Schnee im Krimmler Achental meist früher als im engen Südtiroler Ahrntal schmilzt. Das machten sich vor gut zwei Jahrhunderten Ahrntaler Bauern zunutze. Sie kauften im Achental Almböden und treiben seither ihr Vieh über den Krimmler Tauern (2634 m) zur Weide – eine mühevolle Arbeit für Treiber und die rund 100 Tiere, die heute für den schwierigen Hin- oder Rückweg über 14 Kilometer Distanz und 1300 Höhenmeter je nach Wetter zehn bis 14 Stunden brauchen.

▲ Eine Schafherde zieht über das Niederjoch.

Bereits ein halbes Jahrtausend vor den Ahrntalern hatten Engadiner Bauern in den nordseitigen Hochtälern der Silvretta herrenloses Weideland entdeckt. Also trieben sie jedes Jahr bis zu 400 Rinder nordwärts über drei zwischen 2600 und 2800 Meter hohe Silvrettapässe auf den „Ochsenboden", den heute der Silvretta-Stausee bedeckt. Allmählich erwarben aber Tiroler Bauern diese Almen, sodass der Almauftrieb 1910 endete.
Von dem Viehtrieb blieben nur mehr die Namen des verschwundenen „Ochsenbodens", des Ochsentals, des Ochsentaler Gletschers und des Piz Buin – „Ochsenspitze".

1
2
3
4
5
9

Zentralalpen / Kühtai

Die Stubaier und Ötztaler Alpen auf einen Blick. 50 Kilometer trennen die beiden Eckpunkte Habicht und Glockturm voneinander. Kühtai (2020 m) im Vordergrund hat offensichtlich mit Kühen zu tun, die Silbe „tai" ist eine Anleihe aus dem Rätoromanischen und bedeutet „Alm". Hier bestand also eine Alm auf der Sonnenseite des Tales, auf die man das Vieh schon im Frühjahr treiben konnte. Im östlichen Nordtirol steht dafür der Begriff „Niederleger" als Zwischenstation zum „Hochleger". Gleiches bezeichnen in Salzburg „Heimalm" und „Hochalm".

Von den beiden Stauseen in den Kühtaier Nebentälern wird Wasser über 1 200 Höhenmeter und 10 Kilometer dem Kraftwerk Silz im Oberinntal zugeleitet, das im Jahresdurchschnitt 775 Millionen kWh Strom erzeugt. Das entspricht dem Bedarf von 220 000 Haushalten. Speicherkraftwerke wie in Kaprun, im Mölltal, im Zillertal oder in der Silvretta springen allerdings erst ein, wenn der Strombedarf die Kapazität der Laufkraftwerke überfordert.

Blicksichtung Süden

1 Habicht (3 277 m) 2 Ruderhofspitze (3 474 m)
3 Schrankogel (3 496 m) 4 Breiter Grieskogel (3 287 m)
5 Ramolkogel (3 550 m) 6 Wildspitze (3 770 m)
7 Glockturm (3 355 m) 8 Acherkogel (3 008 m)
9 Kühtai (2 016 m)

1
2
3
4

Stubaier Alpen

Parade der vergletscherten Dreitausender der Stubaier und östlichen Ötztaler Alpen: Links im Bild biegt das Unterbergtal – so der Name des Stubaitals ab Neustift – westwärts zum Talschluss an der Mutterbergalm (1 729 m) ab. Von dort führt seit 1973 eine Bahn zum Gletscherskigebiet unterhalb der Stubaier Wildspitze.

Die Meisterschaft der Schmiede in Fulpmes bei der Herstellung von Werkzeug aller Art und von Turmuhren sicherte dem Stubai schon im 14. Jahrhundert einen klingenden Namen, der heute durch hochwertige Metallverarbeitung – beispielsweise Eispickel und Steigeisen – weiter blüht. Erster „Tourist" im Stubai war Anfang des 16. Jahrhunderts Kaiser Maximilian. In nächster Nähe zu seiner Residenzstadt Innsbruck jagte er in diesem Hochgebirge Gämsen und Steinböcke.

Blickrichtung Südwesten
1 Wilder Freiger (3 418 m) 2 Zuckerhütl (3 507 m)
3 Similaun (3 599 m) 4 Stubaier Wildspitze (3 341 m)
5 Ruderhofspitze (3 474 m) 6 Wildspitze (3 770 m)
7 Schrankogel (3 496 m)

1
2
3

Hafling / Meran

Von Bozen zieht ein Bergrücken zwischen Etschtal und Sarntal nordwärts bis zu weiten Almböden, die knapp die Grenze der Dreitausender verfehlen. Dort liegt hoch über Meran die Gemeinde Hafling, eine Streusiedlung in Höhen zwischen 1 250 und 2 350 Metern. Ihren Namen trugen die „Haflinger" in alle Welt. Der Tiroler Topograf Jakob Staffler beschrieb sie 1847 als „kleine leichtfüßige und ausgezeichnete Pferdchen", mit denen viele Bergdörfer einst überhaupt erreichbar waren: trittsichere, anspruchslose und kräftige Tragtiere.

Von diesen Pferden mit charakteristischer blonder Mähne und hellem Schweif schaute sich der Autobauer Steyr-Puch seinen „Haflinger" ab, einen kleinen, leichten und wendigen Geländewagen mit Allradantrieb für den Einsatz im Gebirge, der von 1959 bis 1974 vorwiegend für das österreichische Bundesheer und die Schweizer Armee hergestellt wurde.

Blickrichtung Norden
1 Wildspitze (3 770 m) 2 Ifinger (2 581 m)
3 Zuckerhütl (3 507 m), 4 Hirzer (2 781 m)
5 Pflerscher Tribulaun (3 096 m) 6 Alplerspitze (2 748 m)
7 Hochwart (2 746 m) 8 Penser Weißhorn (2 705 m)

1
2
3
4
5
6
7

Zentralalpen / Passeier

Der berühmteste Tiroler heißt Andreas Hofer, Sandwirt im Passeiertal. In den napoleonischen Wirren geriet Tirol unter bayerische Herrschaft, die Hofer als Führer des Bauernaufstands von 1809 in zwei Schlachten auf dem Bergisel abschüttelte, jedoch die dritte Bergiselschlacht gegen ein französisches Heer verlor. Er flüchtete, wurde durch Verrat gefangen und 1810 in Mantua von den Franzosen hingerichtet.

Ehe die Tiroler Landesfürsten 1420 nach Innsbruck übersiedelten, residierten sie auf Schloss Tirol am Eingang des Passeiertals. Aus dieser Zeit stammen die elf markanten Passeirer „Schildhöfe", die kleinen Burgen ähneln. Ihre Besitzer waren im 14. Jahrhundert in den niederen Adel mit dem Privileg der Steuerfreiheit aufgestiegen, weil sie dem Landesherrn geschworen hatten, ihm mit eigenen Waffen und Pferden im Kriegsfall beizustehen. Der im Passeiertal häufige Familienname Haller verweist auf den Beruf der „Haller", die als Säumer den Handel mit Haller Salz betrieben.

Blickrichtung Südosten

1 Marmolata (3 343 m) 2 Langkofel (3 181 m)
3 Palagruppe 4 Kassianspitze (2 581 m) 5 Hochwart (2 746 m)
6 Alplerspitze (2 748 m) 7 Hirzer (2 781 m) 8 Brenta (3 173 m)
9 Meran 10 Presanella (3 556 m)

Mühsam erkämpften Frauen Anerkennung

Bis herauf in das 20. Jahrhundert bestand nur in der christlichen Heiligenverehrung Gendergerechtigkeit: Annähernd gleich viele Frauen wie Männer brachten es zur Ehre der Altäre. Sonst herrschte die Arbeitsteilung nach der uralten K-Regel vor:
Frauen waren zuständig für Kinder und Küche, also vom öffentlichen Leben ausgeschlossen, Männer für das Kassefüllen und -verwalten.

◀ Die Gletschertour einer Dame mit zwei Bergführern war 1886 dieser Londoner Illustrierten das Titelblatt wert.

Frauen mussten lange und zäh um die Gleichstellung im öffentlichen Leben kämpfen, was folgende Daten belegen:
Erstes Privatgymnasium für Mädchen 1893 in Deutschland, in Österreich Zugang zu öffentlichen Gymnasien 1919. In Österreich erstes allgemeines Recht auf Studium der Philosophie 1897, der Medizin 1900, der Rechtswissenschaft 1919 und der Theologie 1927. Frauenwahlrecht in Deutschland 1918 und in Österreich 1919 – nach dem Ende der Monarchien. Die Italienerinnen mussten bis 1946 und die Schweizerinnen sogar bis 1971 warten. Und noch heute kämpfen Frauen um Gleichheit der Chancen. Das ist durchaus nicht nur einer Böswilligkeit anzulasten, denn wer gesellschaftliche Veränderungen anstrebt, lässt sich auf einen ebenso mühsamen wie langen Bergaufkampf ein.

Dem langsamen gesellschaftlichen Wandel folgte auch das Bergsteigen. Bis zur Wende in das 20. Jahrhundert kamen Frauen auf knapp fünf Prozent der Mitglieder im DuOeAV – vorwiegend als Verwandte der Männer. Mittlerweile ist Gleichstand hergestellt.

Seit jeher machten sich Männer Sorgen um das „schwache Geschlecht", auch in der Absicht, diese „Schwäche" zu erhalten. So schrieb der angesehene deutsche Juraprofessor Dietrich H. Kemmerich 1711, dass „zarte und angenehme Frauenzimmer" nicht für Reisen geeignet seien, zumal „man von gereisten Frauenzimmern nicht viel hält". Was ein „galantes und qualifiziertes Frauenzimmer" brauche, könne es daheim lernen. Eineinhalb Jahrhunderte später hatten Frauen schon erstaunliche Leistungen bei „Bergreisen" erbracht. Gleichwohl wandten Mediziner ein, dass lange Bergtouren „zarte weibliche Körper" hässlich machten und „vermännlichen". Nichts sei abstoßender als ein „Mannweib".

Um 1900 übernahmen etliche Bergsteigerinnen die zweckgemäße Bekleidung der ersten Radfahrerinnen: Hosen statt knöchellanger Röcke. Hosen galten als „unschicklich", weshalb damals „Hosenweiber" noch aus Hotels gewiesen wurden. Der Erste Weltkrieg brach aber den allgemeinen Hosenbann, weil Frauen die beruflichen Lücken der einberufenen Männer füllen mussten.

Der wachsende Anteil der Frauen im Alpenverein weckte nach dem Ersten Weltkrieg moralische Bedenken. Also beschloss der Alpenverein 1923, dass Unverheiratete auf AV-Hütten getrennt nächtigen müssen, um „erotische Hüttenumtriebe" und die Unsitte des „Alpinismus sexualis" zu unterbinden. Daher seien „Liebespaare auf Hütten auszuweisen". Immerhin bestand damals auch in den meisten Schwimmbädern noch eine strikte Trennung zwischen „Damenbad" und „Familienbad".

Die alpine Emanzipation kam nur zögerlich voran: 1987 wurde die erste Frau als Bergführerin autorisiert und mit dem Befund verabschiedet, sie werde „von diesem Beruf nicht leben, sondern maximal mit Kindern klettern oder als Hilfskraft bei einem anderen Bergführer arbeiten können". Bis 2012 stieg die Anzahl der Bergführerinnen auf 21 unter 1228 Kollegen. Seit 1986 nimmt die Bergrettung Frauen auf

– trotz teils heftigen Widerspruchs „älterer Semester, die befürchteten, dass ihnen Frauen klettertechnisch und konditionell überlegen sein könnten". Mittlerweile stellen Frauen rund sechs Prozent der Bergretter. 1996 wurde erstmals eine Frau in den Alpenvereinsvorstand gewählt. Erst 2013 strich Paris das 1801 erlassene Hosenverbot für Frauen.

Wir mögen all das belächeln, wenn wir an den gesellschaftlichen Ist-Zustand verflossener Zeiten unsere Elle legen. Schwerer wiegt in diesem Zusammenhang, dass Frauen in den Ostalpen schon längst „emanzipierte" Leistungen vollbracht hatten. Die leider ziemlich lückenhafte Liste jener Frauen, die berühmte Gipfel auf den Spuren der Erstbesteiger erklommen, reicht dennoch weit zurück:
1838 Ortler, 1853 Zugspitze, 1854 Großglockner, 1874 Große Zinne, 1881 Watzmann-Ostwand, 1883 Trafoier Eiswand, 1891 Großvenediger oder 1899 Königsspitze. Für Erstbesteigungen blieben den Frauen lediglich „unwichtige Gipfel", denn die wichtigen „jungfräulichen" hatten Männer „erobert" – eben gemäß männlichem Erfolgsstreben.

Zu unguter Letzt: Reinhold Messner, erster Mensch auf allen 14 Achttausendern und Autor intelligenter Bücher, entschlüpfte 2007 alpinistisches Macho-Gehabe: Nachdem die Spitzenalpinistin Gerlinde Kaltenbrunner zehn Achttausender bestiegen hatte, befand er, dass sie „das halt so ähnlich wie Paris Hilton" mache, sie „geht auch überall herum und sagt, heute macht sie das und jenes". Das klingt allerdings erheblich milder als das Urteil des berühmten Kletterers Paul Preuß ein Jahrhundert vorher: „Die Frau ist der Ruin des Alpinismus."

Pioniertaten geistlicher Herren

Die Großtaten geistlicher Herren in der alpinistischen Frühzeit erregten ungleich mehr Aufsehen als vergleichbare Leistungen von Frauen. Die gesellschaftlichen Strukturen jener Zeit unterbanden die Emanzipation und Gleichstellung. Theologische Bildung und naturwissenschaftliches Interesse lockten Geistliche in die Berge. So auch den Klagenfurter Jesuitenpater und Botaniker Franz Xaver von Wulfen, der von 1791 bis 1794 in den Pragser Bergen forschte, dabei den Dürrenstein (2839 m) und anscheinend auch die Hohe Gaißl (3139 m) bestieg und 1800 der Glocknerexpedition des Kärntner Fürstbischofs Franz Xaver von Salm-Reifferscheidt angehörte. Zur Glocknerpartie zählte auch Generalvikar Sigismund von Hohenwart (1745–1825). Dass er den Gipfel nicht im ersten Anlauf erreichte, wurmte ihn so, dass er es trotz Schwindels und Ängsten in der luftigen Glocknerscharte 1802 mit Erfolg abermals versuchte. 1815 wurde er erster Bischof der Diözese Linz. 1802 machten sich die Pfarrer Giovanni Costadedoj, Giuseppe Terza und Tommaso Pezzei auf den Weg zur Marmolata, um „Gott näher als irgendwo sonst" zu kommen. Sie begnügten sich mit einem Vorgipfel. Terza stürzte beim Abstieg zu Tode.

Der Salzburger Theologieprofessor und Alpinist Peter Carl Thurwieser begeisterte seinen Schüler Friedrich Fürst Schwarzenberg (1809–1885) für das Bergsteigen und nahm ihn zu Erstbesteigungen in den Kalkalpen mit – unter anderem auf die Schönfeldspitze und das Birnhorn. Als Fürsterzbischof und Kardinal glückten Schwarzenberg 1841 die Erstbesteigungen des Hohen Tenn (3368 m), des Kitzsteinhorn (3206 m) sowie die Zweitbesteigung des Wiesbachhorn (3564 m) über die 2400 Meter hohe Südostflanke.

Ebenfalls von Thurwieser „angesteckt" dürfte der Theologiestudent Valentin Stanic worden sein. Ihm gelang die Erstbesteigung des Hohen Göll (2523 m) und des Watzmann (2714 m) jeweils im Alleingang. Er nahm 1800 auch an der Glocknerexpedition teil, erklomm als Zweiter den Gipfel und wirkte später als Domherr in Görz. Gletscherpfarrer Franz Senn war alpinistischer Erschließer der Ötztaler Alpen und Mitbegründer des Alpenvereins, Pater Corbinian Steinbichler schaffte als Erster die Glocknertour an einem Tag und die Erstbesteigung der Königsspitze. Der Heiligenbluter Pfarrer Franz Francisci erstieg 1854 als Erster den Großglockner im Winter.

▼ Naturwissenschafter und Geistliche gingen im 19. Jahrhundert nicht wegen des Gipfelsieges in das Gebirge, sondern zur Erforschung der Botanik und der Geologie.

Die Eisenbahn revolutionierte den Verkehr

Die Eisenbahn verhalf der industriellen Revolution zum Durchbruch und erschloss die Ostalpen für den Tourismus. Sie brachte beispiellose Mobilität: Reisetempo annähernd 70 km/h statt der 7 km/h mit der Postkutsche zu einem Drittel des Fahrpreises. Ein Personenzug von zehn Waggons bot 530 Sitzplätze, eine Postkutsche zwischen vier und sechs. Ein Lastzug von zehn Güterwagen transportierte mindestens 150 Tonnen, ein Pferdefuhrwerk bestenfalls drei Tonnen.

1854 verband die Semmeringbahn – Europas erste Bergbahn – Wien mit dem Hafen Triest. 1860 schloss die Westbahn von Linz über Salzburg nach Rosenheim an die seit 1858 bestehende Linie München—Innsbruck an. 1867 öffneten die Brenner- und 1884 die Arlbergbahn die Verbindungen nach Oberitalien und in die Schweiz. Noch enger knüpften dieses Eisenbahnnetz 1871 die Pustertalbahn von Villach nach Franzensfeste, 1875 die „Giselabahn" von Salzburg durch den Pinzgau nach Wörgl und die Ennstalbahn von St. Valentin durch das Gesäuse nach Bischofshofen. Als zweite transalpine Linie kam noch die 1909 fertiggestellte Tauernbahn von Schwarzach über das „Weltbad Gastein" nach Spittal hinzu.

„Was Gott durch Berge getrennt hat, soll der Mensch nicht durch Löcher verbinden", warnten manche Vorarlberger, als Techniker 1879 die ungemein schwierige Aufgabe angingen, einen Eisenbahntunnel durch den Arlberg zu treiben. 1884 war dieses 10,65 Kilometer lange Loch gebohrt. Es stellte den 1854 eröffneten, 1,512 Kilometer langen Semmeringtunnel weit in den Schatten. 1906 folgten noch zwei lange Eisenbahntunnel durch das „Verkehrshindernis Alpen": der Tauerntunnel (8,371 km) und der Karawankentunnel (7,976 km).

◀ 1876 übernahm der Rauriser Zimmerer Ignaz Rojacher den aufgelassenen Goldbergbau in Kolm Saigurn. Diese hölzerne „Standseilbahn" diente zum Transport von Menschen und Material über 500 Höhenmeter zwischen Talschluss und den Gruben.

„Nebenbahnen" verstärkten das touristische Netz noch weiter: 1893 die „Ischlerbahn" (Salzburg—Ischl), 1894 die Murtalbahn (Unzmarkt—Mauterndorf), 1898 die Pinzgaubahn (Zell am See—Krimml), 1902 die Zillertalbahn (Jenbach—Mayrhofen), 1905 die Montafonerbahn (Bludenz—Schruns) und 1906 die „Vinschgaubahn" (Meran—Mals). Die beiden letztgenannten ausgenommen, wurden diese Nebenbahnen in „bosnischer Spurweite" von nur 76 Zentimetern gebaut. Das permanente und zudem gebirgige Krisengebiet Bosnien verfügte nämlich nur über Schmalspurbahnen. Im militärischen Krisenfall dienten daher die Loks und Wagen der Nebenbahnen als strategische Transportreserve.

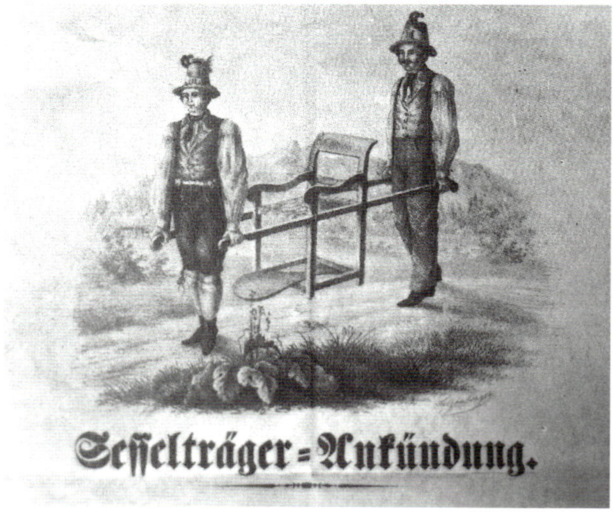

▲ Schon ab der Antike nutzten noble Herrschaften Sänften wie wir heute das Taxi. Mit Beginn des Alpentourismus wandelten sich diese zu Sesseln, auf denen man sich in Kurorten zu guten Aussichtspunkten tragen lassen konnte. Im groben Durchschnitt kostete so eine „Bergtour" je 500 Höhenmeter umgerechnet rund 70 Euro. Diese Dienstleistung endete mit dem Bau von Bergbahnen.

Welch starken Auftrieb das Eisenbahnnetz dem Tourismus in den Ostalpen gab, dokumentiert ein Beispiel. Ab 1890 organisierte der Wiener Touristen-Club verblüffende Vier-Tages-Touren: mit dem Nachtschnellzug von Wien bis Bruck im Pinzgau, Marsch über die Pfandlscharte zum Glocknerhaus, Aufstieg auf den Großglockner (3 798 m), Abstieg nach Heiligenblut (1 301 m), Marsch über den Rauriser Sonnblick (3 106 m) und durch das Gasteiner Tal nach Lend, dann Rückfahrt nach Wien „voll Dank für das herrliche Gelingen", wie ein Teilnehmer hinterher schwärmte.
Und noch ein Fortschritt: 1912 begann die Elektrifizierung der Bahnlinien in den Ostalpen, weshalb ausgemusterte „Dampfrösser" heute nur mehr für „Nostalgiefahrten" vorgespannt werden.

▲ So sah um 1880 die „Eilpost" aus, die über die wenigen Alpenstraßen Briefe, Pakete und durchschnittlich sechs Personen beförderte. Hier ein Wagen auf dem 2 757 Meter hohen Stilfser Joch.

▲ Damals erschlossen Zahnradbahnen schon, was Straßen nicht schafften: aussichtsreiche Berggipfel wie 1893 den Schafberg. Der offene Aussichtswagen war ein besonderer (rußiger) Service.

Zahnradbahnen, Drahtseilbahnen und Seilschwebebahnen

„Bauen Sie doch gleich eine Bahn zum Mond", höhnten Politiker, als Sylvester Marsh 1864 den Plan einer Zahnradbahn auf den 1917 Meter hohen Mount Washington in New England mit der Begründung vorlegte, dass er vielen Menschen ein müheloses Bergerlebnis ermöglichen wolle. Fünf Jahre später dampfte die weltweit erste Zahnradbahn auf New Englands höchsten Gipfel.

Helle Köpfe in den Alpen begriffen sogleich die Chance, Menschen einen bequemen Gipfelbesuch zu bieten. Schon 1871 pustete eine Zahnradbahn auf den Rigi (Zentralschweiz), es folgten die Bahnen auf den Gaisberg bei Salzburg (1887), den Pilatus (Zentralschweiz) und zum Achensee in Tirol (1889), den Schafberg im Salzkammergut (1893), den Schneeberg (1897), den Ritten bei Bozen (1907), den Wendelstein (1912) und die Zugspitze (1930).

Der kürzeste, aber steilste Weg auf einen Berg folgt der Falllinie. Diese Abkürzung nahmen die Standseilbahnen im Pendelverkehr, deren Vorformen sich seit der Erfindung des Drahtseils 1834 schon im Bergbau bewährt hatten. Die erste „Drahtseilbahn" erspart seit 1892 den steilen Anstieg auf die Festung Hohensalzburg (96 Höhenmeter, 60 % Steigung), es folgten 1894 jene auf den Grazer Schlossberg (108 Höhenmeter, 59 %) und 1906 von Innsbruck auf die Hungerburg (287 Höhenmeter, 45 %). Die vierte von Kaltern auf den Mendelpass überwand 1907 gleich 855 Höhenmeter auf der mit 63 Prozent steilsten Trasse aller Bergbahnen.

Weil diese „Drahtseilbahnen" aufwendiger Dämme und Brücken bedurften, entwickelten Techniker die in Industrie und Bergbau bewährten kleinen Materialseilbahnen weiter zu „Seilschwebebahnen".

Die Premiere dieses Verkehrsmittels feierte 1908 die Kohlerer Bahn in Bozen. Der Erste Weltkrieg und die Nöte der Nachkriegszeit unterbrachen diese touristisch bedeutende Entwicklung, ehe es dann Schlag auf Schlag ging: 1926 „Seilschwebebahn" auf die Rax, 1927 auf den Feuerkogel (Ebensee) und den Pfänder (Bregenz), 1928 auf die Schmittenhöhe (Zell am See), das Hafelekar und den Patscherkofel (Innsbruck), die Kanzel (Villach), die Bürgeralpe (Mariazell) und den Predigstuhl (Reichenhall), 1929 auf den Schöckel (Graz) und 1937 auf den Galzig (Arlberg).

Die Idee der „Aussichtsstraßen" stammt aus den Dolomiten

Die Dolomiten setzten zwei touristische Maßstäbe: Sie bereicherten die Alpinistik um das „turnerische Klettern" und das Reisen um alpine „Aussichtsstraßen". 1789 stieß der Geologe Déodat de Dolomieu (1750–1801) im Südtiroler Gschnitztal auf ein unbekanntes graues Kalkgestein. Es erhielt gegen seinen Willen den Namen „Dolomite", der sich um 1860 statt „bleiche Berge" als „Dolomiten" für jene Region einbürgerte, die Dolomieu gar nicht besucht hatte.

Die Dolomiten lagen lange Zeit fernab der transalpinen Durchzugsstraßen. Ihre Entdeckung verdanken sie den frühen Alpinisten. Erster war der Brite John Ball, der 1857 mit einem Gämsenjäger den Pelmo (3 168 m) bestieg. Ihm folgte der Wiener Paul Grohmann, dem zwischen 1862 und 1869 mit bergerfahrenen Einheimischen Aufsehen erregende Erstbesteigungen glückten, die Nachahmer motivierten. Gleichwohl bedauerten Francis und Elizabeth Fox Tucket noch 1870, dass in den Dolomiten nur wenige befahrbare Wege bestünden und die Versorgung so unzureichend sei, dass man häufig nicht mehr als Milch und Brot kaufen könne. Deshalb solle jeder Tourist Dosenfleisch und Tee mitnehmen. Trotzdem reisten immer mehr Städter zur „Sommerfrische" in die Dolomiten. Also griffen initiative Südtiroler die Anregung des Alpenvereins auf, zwischen Bozen und Cortina bestehende Schotterwege und Saumpfade zu einer 109 Kilometer langen Tourismusstraße auszu-

◀ Werbung aus dem Jahr 1936 für leistungsstarke Autos in hochalpiner Landschaft: Die Großglockner-Hochalpenstraße bot die prächtige Szenerie und der Autobauer Steyr lieferte für dieses Vergnügen den tauglichen Wagen – den „Steyr 100" mit 33 PS, 100 km/h Spitze, 10 l Verbrauch (à 1,90 Euro), Preis: 16 500 Euro oder als Cabrio 20 000 Euro nach dem Geldwert von 2013.

▶ Heiligenblut kurz nach der Eröffnung der Großglockner-Hochalpenstraße 1935. Im Bild das „Steyr Baby", der „Volkswagen" jener Tage mit 22 PS, 90 km/h Spitze und 8 l Verbrauch (à 1,90 Euro) zum Preis von 11 800 Euro (Geldwert 2013). Beachtenswert: Die Straße ist nicht asphaltiert und man fuhr noch links.

bauen. Sie sollte zu Franz Josefs 50. Regierungsjubiläum 1898 als „Kaiserstraße" fertig werden. Doch die Eröffnung dieser ersten touristischen Alpenstraße (höchster Punkt: 2239 m) verzögerte sich bis 1904. Sie setzte aber das Maß für alpine „Aussichtsstraßen" – allerdings erst nach dem Dolomitenkrieg. 1924 ging die konkrete Planung der (1935 fertiggestellten) Großglockner-Hochalpenstraße (2506 m) davon aus, dass diese „Aussichtsstraße" die Frequenz von 70000 Besuchern der berühmten Dolomitenstraße noch überträfe. Es glückte, weil sie als Einzige hoch über einem Gletscher endet. Vollends als alpine „Panoramastraßen" konzipiert wurden 1954 die Silvretta-Hochalpenstraße (2032 m) und 1968 die Straße über das Timmelsjoch (2509 m). Diesem Muster folgten unter anderem die Nockalmstraße (1981, 2049 m) sowie die Straßen zu den Stauseen im Maltatal, im Zillertal, im Kaunertal und im Ötztal.

▲ Raupenschlepper-Busse des Typs Citroen-Kégresse um 1930 auf dem Radstädter Tauern.

Fahrzeug für Sahara und Alpenpässe

Die in den 1960er-Jahren im alpinen Tourismus eingesetzten Pistenraupen verdanken wir einem ausgefallenen Wunsch des russischen Zaren Nikolaus. Er brauchte für Jagden im Winter ein geländegängiges Fahrzeug. Also konstruierte ihm sein französischer „Chefgaragist" Adolphe Kégresse 1916 das gewünschte Auto: als Antrieb hinten ein über zwei Räder gespanntes Kettenband und vorne an den Steuerrädern je nach Bedarf versenkbare Skier. Nach Frankreich zurückgekehrt, entwickelte Kégresse dieses Modell bei Citroen weiter: Wenn es für Schnee taugt, dann auch für Sand. So gelang mit dem Fahrzeug 1921 die erste Durchquerung der Sahara mit einem Auto. Daraufhin setzte die französische Post dieses Gefährt im Winter in abgelegenen Tälern ein.

Frau Holle bedenkt den Radstädter Tauern seit jeher mit so reichem Schneesegen, dass die Bundesstraße über diesen Pass (1738 m) häufig mehrere Wochen lang gesperrt blieb. Ab 1929 löste ein für sieben Passagiere ausgelegter Kégresse-Raupenschlepper dieses Problem, allerdings nur für drei Winter, denn der Fahrpreis von 44 Euro (Geldwert 2013) deckte die Kosten nicht. Also mussten die Busfahrer wieder die 1912 eingeführten Schneeketten aufziehen, um die mühsam freigeschaufelte Passstraße zu bewältigen.

Mittlerweile hatte sich der schneereiche Arlberg zum Zentrum des Skilaufs entwickelt. Deshalb setzte die Post ab 1932 Kégresse-Raupenschlepper zwischen dem Bahnhof Langen und Lech ein – zum Fahrpreis von 43 Euro. Es folgte der regelmäßige Verkehr mit Raupenschleppern nach Gargellen und von St. Anton nach St. Christoph.

Diese Vorbilder machten im alpinen Tourismus mit durchschlagendem Erfolg Schule. Der Grödener Automechaniker Ernst Prinoth überlegte, wie man diese Raupenfahrzeuge nutzen könnte, um Buckelpisten und von Spuren zerfurchte Hänge zu Schneeteppichen zu bügeln. Nach zweijährigen Tests stand

▲ Nach Eröffnung der „Giselabahn" 1875 durch den Pinzgau legten clevere Touristiker einen Fahrweg von Zell am See über 1100 Höhenmeter auf die Schmittenhöhe an. Fortan fuhren betuchte Gäste auf ledergepolsterten „Bergwagerln" zu diesem vorzüglichen Aussichtspunkt. Auf dem Gipfel wurde 1908 die Elisabethkapelle zum Gedenken an die zehn Jahre vorher ermordete Kaiserin Sisi errichtet. Sie hatte 1885 die Schmittenhöhe zu Fuß bestiegen.

die erste Pistenraupe 1962 einsatzbereit da. Auch in Finnland fiel 1961 der Wunsch des Zaren auf fruchtbaren Boden: Man konstruierte das „Schneewiesel" zur Versorgung von Holzknechten in abgelegenen Wäldern. Auf dem Umweg über die USA gelangte 1963 dieses Gefährt als „Ski-Dog" zur Versorgung von Skihütten in die Alpen. Ein Hörfehler machte aus diesem „Ski-Hund" den „Ski-Doo".

Nationalparks schützen, was wir schätzen

Mit der touristischen Erschließung der Ostalpen begann auch das Geschäft mit dem begehrten Edelweiß. Deshalb entwuchs 1900 dem Alpenverein der „Blümchenverein", der diesem Raubbau an der Natur den Kampf ansagte und vehement für den Schutz der alpinen Pflanzen und Tiere eintrat. Den Schritt vom Artenschutz zum Naturschutz setzte 1909 der Münchner Verein „Naturschutz". Weil „unsere Zeit an der Missachtung und Misshandlung der Natur leidet", erwarb der Verein im Pinzgauer Stubachtal elf Quadratkilometer Almland und stellte es unter Schutz. Den entscheidenden nächsten Schritt von Naturschutz zum Biotopschutz machte 1918 der Villacher Industrielle Albert Wirth, den der Besuch des 1872 gegründeten Yellowstone Nationalparks in den USA begeistert hatte. Er kaufte 41 Quadratkilometer Gletscher- und Felsregion rings um die Pasterze und schenkte sie dem Alpenverein mit der Auflage, „diese Landschaft auf ewige Zeiten als Naturschutzgebiet der spekulativen alpinen Fremdenindustrie zu entziehen". Aus diesen beiden Kerngebieten entstand 1981 der 1856 Quadratkilometer große Nationalpark Hohe Tauern nach dem Leitmotiv, dass Natur ohne jeden Eingriff sich selbst überlassen sein müsse, damit ihre Schönheit zum Nutzen der Menschen und der Wissenschaft erhalten bleibe. Das Schützenswerte an der Natur beschrieb schon 1875 der bahnbrechende Alpentopograf Major Carl Sonklar als Abendszene an der Pasterze: „Hier war die Natur mit sich selbst allein und spann im Schweigen ihre großen Gedanken aus."

Den Schutz der alpinen Natur erfüllt schon seit 1935 der Nationalpark Stilfser Joch mit 1348 Quadratkilometern Fläche rings um den Ortler. Diesem Vorbild folgten die Nationalparks Berchtesgaden (1978, 213 km²), Triglav (1881, 839 km²), Kalkalpen (1996, 208 km²) und Gesäuse (2002,110 km²). Somit stehen in den Ostalpen 4574 Quadratkilometer unter strengem Schutz. Das entspricht der halben Fläche des Bundeslandes Kärnten.

Eine ungefähr gleich große Fläche der Ostalpen bedecken 26 Naturparks. Sie sichern der Natur Schutz, den Menschen Erholung und Bildung und der gewachsenen Kulturlandschaft den behutsamen Ausgleich zwischen „schützen und nützen". Besonderen Schutz genießen die von der UNESCO zum Weltnaturerbe erklärten Dolomiten.

Den „Blümchenverein" hätte die Idee begeistert, mit der Südtirol vor 40 Jahren den bedrohlichen Raubbau an Edelweiß unterband: Erwischten Amtspersonen jemanden mit Edelweiß, dann kostete das pro Stück 300 Euro (Geldwert 2013). Das wirkte perfekt. Doch was ist an Ödland und Wäldern „Park"? Den

▲ Zur Erinnerung an den Einsatz der Raupenschlepper-Busse zwischen Langen und Lech brachte die österreichische Bundespost 1964 diese Sondermarke heraus.

▲ Postbus um 1930 auf der Radstädter Tauernstraße. Der Bus ist wegen des Linksverkehrs Rechtslenker (parkt also auf der falschen Straßenseite), ein Stein unter dem Hinterrad verhindert das Zurückrollen und der Fahrer erklärt den Passagieren die Klamm bei Untertauern.

Schlüssel zum Verständnis liefert der lateinische Begriff „Parricus" – ein eingezäunter Platz für Haustiere, damit sie nicht durch die Felder streunen. Im Deutschen wurde daraus der „Pferch", in den romanischen Sprachen hingegen der „Park", in dem einst hinter hohen Mauern die Obertanen unbeobachtet von den Untertanen ihren Lustbarkeiten frönen konnten. National- oder Naturparks sperren heute nicht mehr Menschen, sondern alles aus, was die Eigengesetze der Natur stören könnte.

Die Mächte des Bösen werden vernichtet

Kaiser Karl entschwand nach seinem Tod in die Marmorsäle des Untersbergs bei Salzburg, wo ihm eine große Schar von Zwergen dient. Während der Kaiser auf seinem marmornen Thron schläft, kreisen um den Berg Raben. Sie berichten dem Kaiser, wenn er alle hundert Jahre einmal erwacht, über den Zustand der Welt. Gefährdet die Schlechtigkeit der Menschen den Bestand der christlichen Welt, dann bricht der Kaiser mit seinem Zwergenheer aus dem Berg hervor und vernichtet auf dem Walserfeld in einer alles entscheidenden Schlacht die Mächte des Bösen.

Ähnliches erzählt die Sage über Kaiser Barbarossa, der 1190 auf dem dritten Kreuzzug in Kleinasien ertrank. Doch er zog sich mit seinem Heer in den Kyffhäuser zurück. Ist die Not Deutschlands unerträglich, dann wird er aus dem Berg hervorbrechen, aber nicht, um das christliche Abendland zu retten, sondern um ein starkes deutsches Kaiserreich zu begründen.

Der Ungarnkönig Matthias Corvinus wehrte sich mit Erfolg gegen die Türken. 1480 befreite er das mehrfach verheerte Kärnten. Die Geschichte vermerkt zwar seinen Tod 1490, doch der König fand mit seinem Heer in den riesigen Karsthöhlen des Dobratsch seine Heimstatt. Dort schläft er, bis sein Bart dreimal um einen marmornen Tisch gewachsen ist. Dann verlässt er mit seinem Heer den Berg, siegt im „heiligen Kampf um den wahren Glauben" und rettet so die Welt.

Vergleichbare Mythen gibt es auch in anderen Kulturen. So wartet der König von Shambhala in einem verborgenen Tal des Himalaya auf den entscheidenden Tag, an dem er mit seiner Armee die Mächte des Bösen vernichten wird und das goldene Zeitalter einleitet.

▶ Ungewohntes, aber sinnvolles Verkehrszeichen an Alpenstraßen.

1
2
3
4
5
6

Zentralalpen/Sterzing

Vor 18 Jahrhunderten setzte Kaiser Septimius Severus Sterzing als Straßenstation Vipitenum auf die Landkarte. Hier konnten Reiter der kaiserlichen Staatspost nächtigen, Verpflegung fassen und Pferde für den anstrengenden Ritt über den Brenner zur 29 Kilometer entfernten Station Matreio wechseln. Im 7. Jahrhundert siedelte sich hier die bayerische Sippe des Sterzo als Namensgeber an.

Ab dem 12. Jahrhundert blühte Sterzing wegen des Silberbergbaus in den benachbarten Tälern und als Handelsplatz auf der wichtigen Brennerroute auf. 1867 übernahm die Brennerbahn den Verkehr und 1974 machte die Autobahn die Brennerstrecke zum Durchhaus Europas. Im Bild setzen links neben der Autobahn die Straßen auf den Jaufen (unten) und in das Ridauntal an, rechts zweigt das Pfitscher Tal zum Pfitscher Joch ab, einem alten Übergang in das Zillertal. Aus luftiger Höhe blickt man über die Grenze, die entlang der Tribulaune und über den Brenner verläuft, 60 Kilometer weit auf die Gipfel beiderseits des Inntals.

Blickrichtung Norden

1 Pflerscher Tribulaun (3 096 m) 2 Gschnitzer Tribulaun (2 945 m)
3 Serles (2 718 m) 4 Patscherkofel (2 247 m)
5 Bettelwurf (2 725 m) 6 Brenner (1 368 m)
7 Amthorspitze (2 749 m) 8 Kraxentrager (2 998 m)

1
2
3
4

Zentralalpen/Lannersbach

Der Schattenwurf modelliert die Tuxer Alpen zu einem von kleinen Tälern reich gegliederten, sanften Gebirgsstock mit weiten Almböden unter markanten Gipfeln. Nach dem Anstieg von Mayrhofen erreicht man die Tuxer Dörfer in einem Hochtal zwischen 1300 und 1400 Meter. Hintertux ist die Talstation des Gletscherskigebiets.

Eine Rarität ist der denkmalgeschützte Weiler Gemais 170 Höhenmeter oberhalb von Lannersbach. Vier Höfe aus dem 18. Jahrhundert dokumentieren nämlich einen prägenden Abschnitt der alpinen Landwirtschaft. Sie entwickelten sich aus den mittelalterlichen „Schwaigen". So hießen ganzjährig betriebene Viehwirtschaften, die nur Käse erzeugten. Das waren also weder Almen, auf denen Vieh den Sommer über graste, noch Höfe mit Ackerbau. Von den vielen Schwaighöfen in Tirol und Salzburg blieb nur der Familienname jener Vorfahren, die auf diesen Schwaighöfen arbeiteten – die „Schwaiger".

Blickrichtung Nordwesten

1 Gamskarspitze (2750 m) 2 Lizumer Reckner (2886 m)
3 Zugspitze (2962 m) 4 Torspitze (2663 m)
5 Karwendel 6 Hippoldspitze (2643 m)
7 Rastkogel (2762 m) 8 Lannersbach (1290 m)

1
2
3
4
5
6
7
8

Zentralalpen/ Zillertaler Riesen

Nirgendwo in den Ostalpen sind die Gipfel „höher droben" als die Zillertaler Riesen über den Orten Steinhaus und St. Johann im Ahrntal, nämlich zwischen 2000 und 2300 Höhenmeter. Weder Straßen noch Bergbahnen verkürzen diese Anstiegshöhen – ein Leckerbissen mithin für Konditionsstarke, die das Queren von Gletschern in den Gipfelbereichen beherrschen.

Jenseits des Schwarzenstein und des nicht erkennbaren, tief eingeschnittenen Zillergrundes mit dem Kraftwerksspeicher Schlegeis (1780 m) sieht man den nördlichen Ast der Zillertaler Alpen mit dem Olperer als Hauptgipfel sowie dem Schrammacher und dem Hohen Riffler.

Steinhaus war das Verwaltungszentrum des Ahrntaler Kupferbergbaus, der 1894 nach einem halben Jahrtausend wegen schwindender Rentabilität eingestellt werden musste. Die Geschichte dieses Bergbaus ist im Steinhauser Museum „Kornkasten" dokumentiert. In diesem ansehnlichen Gebäude aus dem Jahr 1700 wurden jene Lebensmittel gelagert, die als Naturalentgelt einen Teil des Lohnes der Bergleute ausmachten.

Blickrichtung Nordwesten
1 Turnerkamp (3418 m) 2 Schrammacher (3410 m)
3 Olperer (3476 m) 4 Schwarzenstein (3368 m)
5 Hoher Riffler (3168 m) 6 Großer Mörchner (3285 m)
7 Großer Löffler (3378 m) 8 Keilbachspitze (3093 m)
9 Roßwandspitze (3158 m) 10 Wollbachspitze (3210 m)

1
2
3
4
8
9
10

Zentralalpen/Gerlos

Mitten im 30-jährigen Krieg wurde 1630 auf dem Rohrberg bei Zell am Ziller Gold entdeckt. Das bewog den Salzburger Fürsterzbischof als Landesherren, dem Risiko der Kämpfe in Bayern auszuweichen und den Saumpfad über die versumpfte Gerlos (1531 m) zu einem Karrenweg auszubauen, damit das Edelmetall in Pinzgauer Kupferschmelzen verhüttet werden konnte – also fernab des Kriegsgeschehens. Nachdem der Goldsegen erloschen war, verfiel dieser Karrenweg, auch weil die Krimmler Geistlichkeit dagegen wetterte, dass Bauern „die lächerliche Zillertaler Mode des Tabakkauens nachäffen und der Unsitte der blauen Montage huldigen".

Hingegen schwärmten Zeitungen 1868 von der Idee, über die Gerlos eine Bahn zu bauen, die „unstreitig zu den interessantesten Gebirgsbahnen zählen würde". Es fand sich kein Financier, also dauerte es noch bis 1962, ehe schließlich eine moderne Alpenstraße das Zillertal mit dem Oberpinzgau verband und dem Tourismus einen kräftigen Aufwind gab.

Blickrichtung Südosten
❶ Wiesbachhorn (3564 m) ❷ Großvenediger (3666 m)
❸ Dreiherrnspitze (3499 m) ❹ Reichenspitze (3303 m)
❺ Hochgall (3436 m) ❻ Wollbachspitze (3210 m)
❼ Großer Löffler (3378 m) ❽ Gerlospass (1531 m)
❾ Speicher Durlassboden (1405 m) ❿ Gerlos (1246 m)

1
2
3
4
5
7

Zentralalpen / Krimml

Ein Chronist beschrieb 1848 Krimml als „Ende der Pinzgauer Welt“, dessen 380 Meter hoher Wasserfall allerdings schon Besucher anziehe. Die Krimmler Ache ist ein klassischer alpiner „Gletscherbach“ mit „Gezeiten“. Schwitzen die Gletscher untertags, dann donnern am Nachmittag pro Sekunde bis zu 83 Kubikmeter Wasser über diese Steilstufe. Nachts ruhen die Gletscher, weshalb die Wasserfracht am Vormittag auf circa 12 Kubikmeter zurückgeht.

Auf dem rund 26 Kilometer langen Weg von Krimml in das Ahrntal spielte sich 1947 ein beklemmendes Stück Geschichte ab. 8000 Überlebende des Holocaust wurden in der Operation „Bricha“ (= Flucht) nach Italien geschmuggelt, um von dort nach Palästina zu gelangen. Der Krimmler Tauern bot sich als schmales Schlupfloch zwischen den Besatzungszonen der Briten und der Franzosen an, denn London und Paris unterbanden die Einwanderung von Juden in Palästina. Die Gründung Israels im April 1948 beendete diesen hochalpinen Exodus.

Blickrichtung Süden

1 Großvenediger (3666 m) 2 Großer Geiger (3360 m)
3 Foiskarkopf (3029 m) 4 Dreiherrnspitze (3499 m)
5 Rötspitze (3495 m) 6 Krimmler Tauern (2633 m)
7 Krimmler Wasserfälle

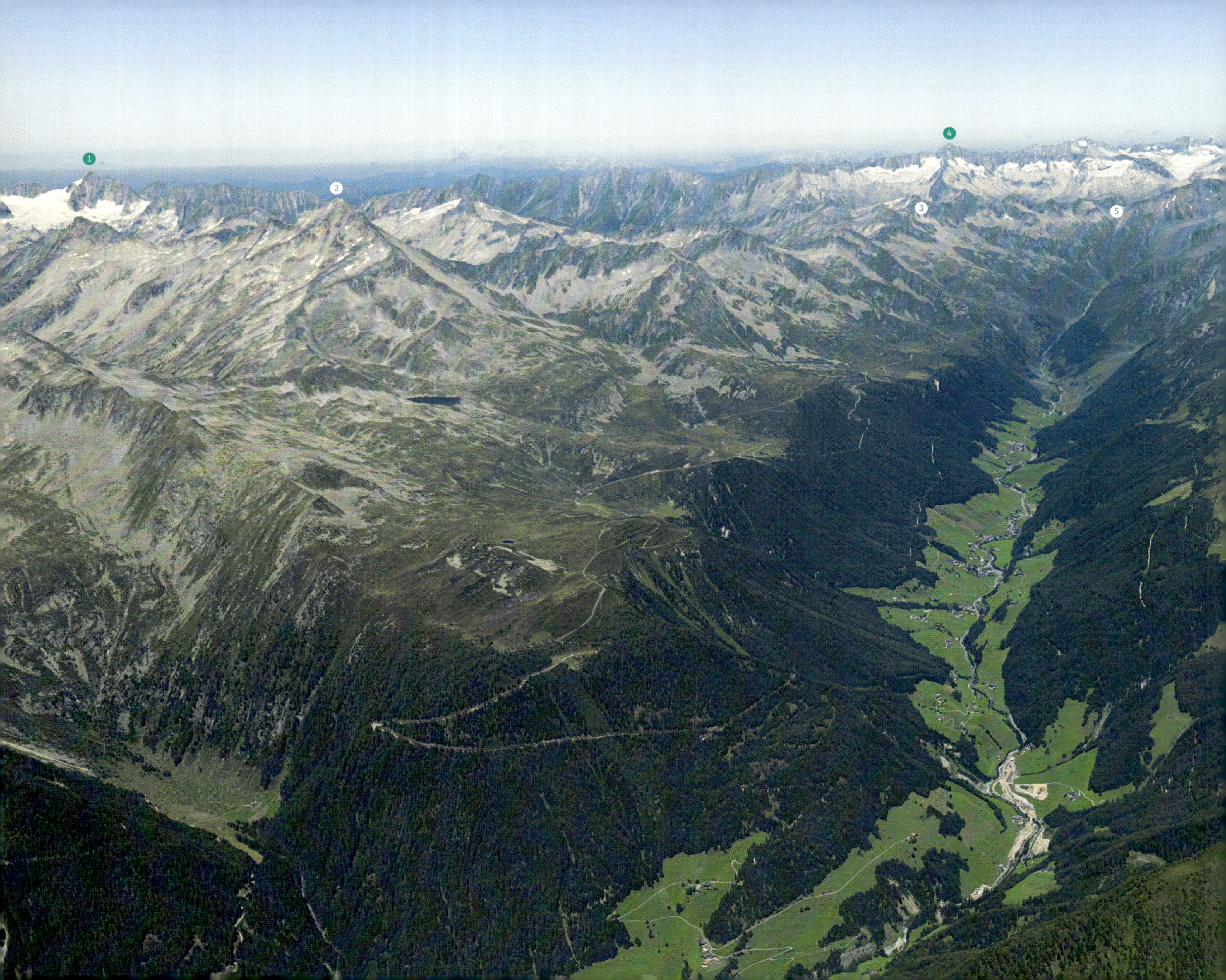
1
2
3
4
5

Zentralalpen/Ahrntal

Das 30 Kilometer lange Ahrntal säumen 84 Dreitausender der Zillertaler Alpen, der Hohen Tauern und der Rieserfernergruppe. Im Mittelalter bahnte sich reger Handel über den Krimmler Tauern an. Im Talschluss ist Kasern/Heiliggeist (1600 m) der letzte Stützpunkt auf dem alten Handelsweg über den Krimmler Tauern zum Krimmler Tauernhaus, dem ersten in Salzburg. Im 16. Jahrhundert erlebte der 1893 eingestellte Kupferbergbau im Ahrntal seine Blütezeit, weil er europäische Spitzenqualität lieferte. Allerdings verbrauchte der Bergbau derart riesige Mengen an Holz, dass schon 1521 eine rigorose Waldordnung die Energiequelle für die Schmelzhütten sichern musste.

In der kleinen Heiliggeist-Kirche (15. Jahrhundert) im Talschluss hängt ein von drei Löchern durchbohrtes Kruzifix, das einst am Wegesrand stand. Hier erprobte ein Schütze als Vorbereitung auf ein Preisschießen im Pinzgau seine Treffsicherheit. Tatsächlich gewann er das Schießen und als Preis einen Stier. Auf dem Heimweg wurde der Stier vor dem durchschossenen Kreuz wild und tötete den Schützen für diesen Frevel.

Blickrichtung Nordosten

1 Reichenspitze (3303 m) 2 Rauchkofel (3251 m)
3 Krimmler Tauern (2633 m) 4 Schlieferspitze (3290 m)
5 Birnlücke (2667 m) 6 Großvenediger (3666 m)
7 Rötspitze (3495 m) 8 Großglockner (3798 m)

1
2
4
3
5
9

Zentralalpen/ Rieserfernergruppe

In Sand in Taufers zweigt ostwärts das Reintal ab und führt mitten in die Rieserfernergruppe, die zugleich den westlichen Abschluss des Defereggentales bildet. Links verläuft das Ahrntal nach Heiliggeist im Talschluss. Rings um das Hochtal Rein stehen 32 Dreitausender, überragt vom 3436 Meter hohen Hochgall. Der Reinbach donnert an zwei Stellen je 50 Meter in die Tiefe der engen Reinbachschlucht.

Wie verwirrend Mundart in schriftlicher Form sein kann – es fehlt dann nämlich die Modulation der Sprache –, zeigt das Reintaler Wort für den Almabtrieb im Herbst „Kiekemma“. Dabei wäre es doch so simpel, würde man den Artikel davorsetzen: Die Kühe (Kie) kommen (kemma).

Blickrichtung Nordosten
1 Großvenediger (3666 m) 2 Eichham (3371 m)
3 Dreieckspitze (3131 m) 4 Großglockner (3798 m)
5 Lenkstein (3236 m) 6 Hochgall (3436 m) 7 Wildgall (3273 m)
8 Ruthner Horn (3357 m) 9 Rain (1538 m)

1
2
3
4
5
6
10

Zentralalpen/Mittersill

Lange vor dem Eisenbahnzeitalter kreuzten sich in Mittersill zwei wichtige Handelswege; einer aus Salzburg über die Gerlos (1501 m) nach Tirol, der andere von Lienz über den Felber Tauern (2481 m) und den Pass Thurn (1274 m) nach Kitzbühel. Die Bedeutung des Felber-Tauern-Übergangs unterstreicht ein ernsthaftes Projekt von 1878, auf dieser Strecke eine Bahn zu bauen. Daraus wurde schließlich 1961 die Schnellstraße durch den Felbertauerntunnel.

Überraschend einfallende Schneestürme forderten auf dem Felber Tauern besonders im späten Frühjahr und im Herbst Dutzende Opfer – allein zwischen 1600 und 1904 deren 90. Trotz Warnung vor aufziehendem Sturm trieben im Mai 1878 acht Viehhändler 140 Rinder von Matrei über den Tauern und gerieten in einen schweren Schneesturm, den nur ein paar Kühe und drei Treiber überlebten. Da sich diese Katastrophe in Windeseile herumsprach, rückte viel Volk mit Tragkörben an, um die toten Rinder zu bergen und die karge Ernährung nachhaltig aufzubessern.

Blickrichtung Süden
❶ Kitzsteinhorn (3203 m) ❷ Wiesbachhorn (3564 m)
❸ Großglockner (3798 m) ❹ Stubacher Sonnblick (3088 m)
❺ Felber Tauern (2481 m) ❻ Felber Tauernkogel (2988 m)
❼ Pihapper (2513 m) ❽ Blessachkopf (3050 m)
❾ Hollersbach (806 m) ❿ Mittersill (790 m)

1
2
3
4
9
10

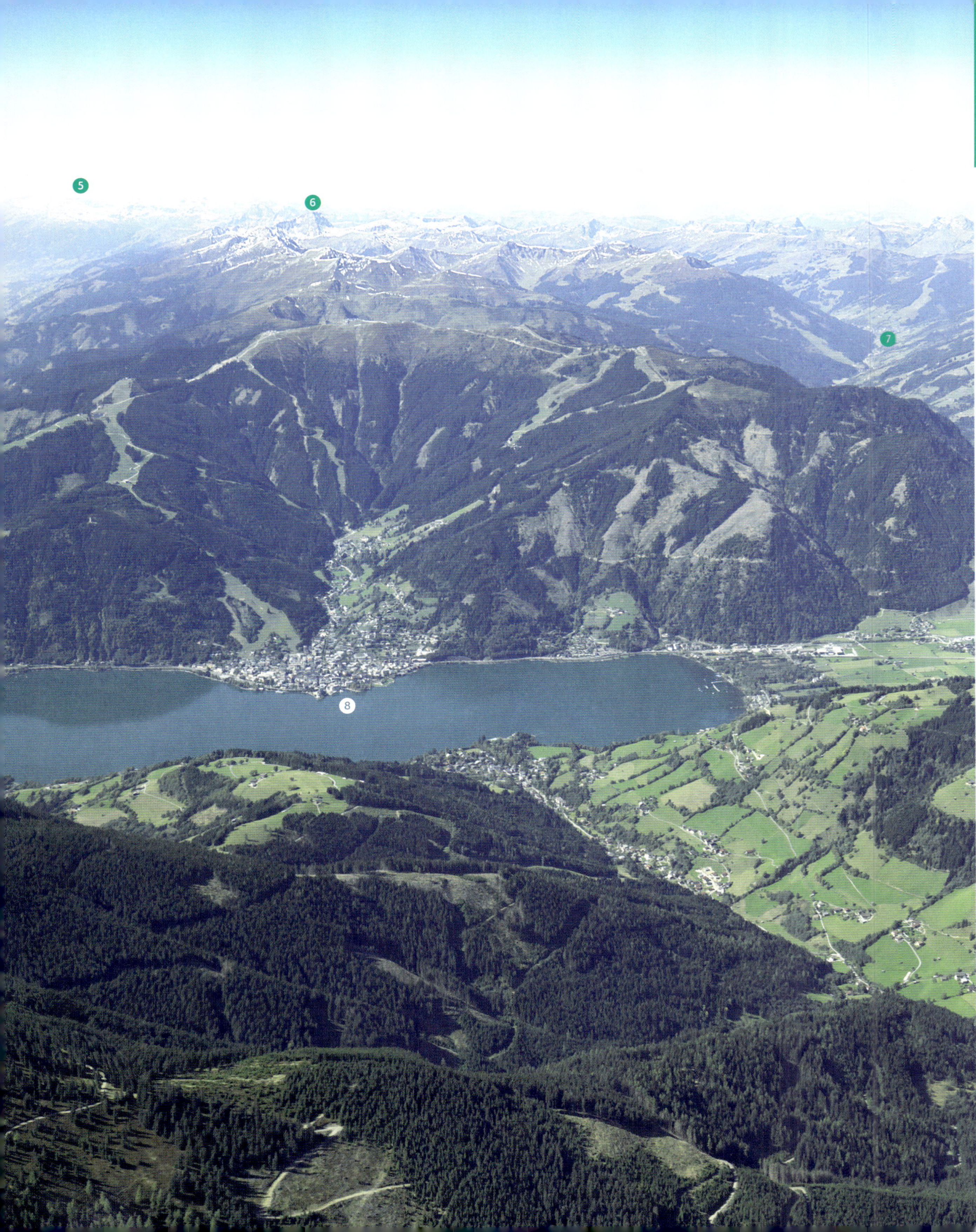

Gletscher und Almen/ Zell am See

Das Salzachtal trennt die vergletscherten Hohen Tauern von den Pinzgauer Grasbergen. Parallel zum Fuscher Tal (links) verläuft das Kapruner Tal, das schon Mitte des 19. Jahrhunderts den alpinistischen Pionieren in die Augen gesprungen war: Mit 11 Kilometern Länge das weitaus kürzeste aller Tauerntäler und mit Almen auf zwei Hochflächen in 1600 und 2000 Meter die ideale Basis für Touren auf einen Kranz von 17 Dreitausendern.

Kapruns geografischer Vorteil bekam durch den Ausbruch des Dolomitenkrieges 1915 einen nachhaltigen touristischen Schub: Die österreichisch-ungarische Armee brauchte dringend Skisoldaten. Auf der Suche nach einem geeigneten Gletscher fiel die Wahl auf das Kitzsteinhorn, das nur 8 Kilometer vom nächsten Bahnhof in Zell am See entfernt ist. Dort begann im Sommer 1915 das „Training" der Skisoldaten – und damit die Geschichte des Gletscherskilaufs in Europa. 1965 erschloss eine Seilbahn auf das Kitzsteinhorn Österreichs erstes Gletscherskigebiet.

Blickrichtung Südwesten
1 Kempsenkopf (3090 m, nördlichster Dreitausender der Alpen) 2 Kitzsteinhorn (3203 m) 3 Großvenediger (3666 m) 4 Wildkarspitze (3076 m) 5 Wildkogel (2225 m) 6 Gaißstein (2363 m) 7 Saalbach (1003 m) 8 Zell am See (757 m) 9 Kaprun (786 m) 10 Bruck an der Glocknerstraße (755 m)

1
2
3
4

Großglockner

Bei dem „sein Kronland Kärnten hoch beglückenden Besuch Seiner Majestät des Kaisers Franz Josef" machte der 26-jährige Monarch 1856 einen Abstecher nach Heiligenblut und stieg sogar 1100 Höhenmeter bis zu jenem Punkt auf, der nach ihm benannt ist. Damals hatte die Pasterze ihren Höchststand erreicht. Man erkennt ihn heute an der unbewachsenen rechten Flanke und den abrupt endenden Felsrippen auf der gegenüberliegenden Seite. Seither schrumpfte dieser größte Gletscher Österreichs um die Hälfte auf rund 1,7 Kubikkilometer zusammen. In jüngster Zeit verliert er im Jahresdurchschnitt rund 2,6 Meter an Dicke und 50 Meter an Länge.

1918 kaufte der Villacher Bauunternehmer Albrecht Wirth um 4400 Euro (Geldwert 2013) 40 Quadratkilometer „Ödland" rings um die Pasterze und schenkte es dem Alpenverein mit der Auflage, diese Landschaft „für ewige Zeiten als Naturschutzgebiet der spekulativen Fremdenindustrie zu entziehen". Das war die Keimzelle des Nationalparks Hohe Tauern.

Er habe noch nie einen Berg „so gespießt" wie den Großglockner gesehen, schrieb der Alpenforscher Belsazar Hacquet de la Motte 1783 in seinem Buch „Mineralogisch-botanische Lustreise von dem Berg Terglou (= Triglav) zu dem Berg Glockner". Als Beweis für diese Feststellung veröffentlichte er in seinem Buch diese Zeichnung. Mangels tauglicher Landkarten und Publikationen übernahm er die Bezeichnungen der Einheimischen: „Klokner", „Basterzen", „Vasrokopf" (Wasserradkopf) und „Möhl". Die Höhe des Großglockners schätzte Hacquet auf 4000 Meter. Bei der 1799 gescheiterten Glocknerexpedition wurde die Höhe des Gipfels barometrisch mit 4216 Metern ermittelt. Das korrigierte im Jahr darauf bei der geglückten Glocknerexpedition der Benediktinerpater Ulrich Schiegg, Professor der Mathematik und Physik an der Universität Salzburg und hoch angesehener Geodät. Er bestimmte die Gipfelhöhe (3798 m) trigonometrisch mit 3761 Metern, also um 37 Meter zu gering. Gleichwohl traf er den Höhenunterschied zwischen Heiligenblut und Gipfel exakt. Des Rätsels Lösung: Der Unterschied zwischen Adria und Heiligenblut konnte damals nur barometrisch gemessen werden und war daher wegen variabler Wetterbedingungen ungenau.

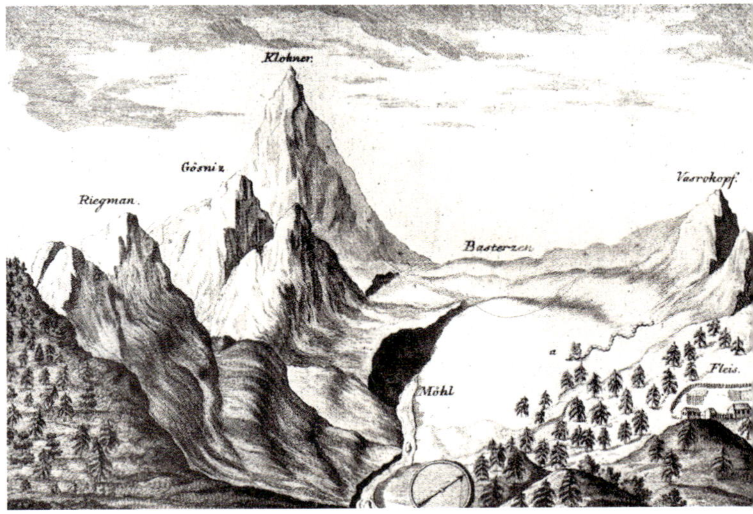

▲ Belsazar Hacquet de la Motte: Mineralogisch-botanische Lustreise von dem Berg Terglou (= Triglav) zu dem Berg Glockner", 1783

Blickrichtung Nordwesten

1 Großglockner (3798 m) 2 Teufelskamp (3511 m)
3 Johannisberg (3453 m) 4 Hohe Riffl (3338 m)
5 Schattseitköpfl (3182 m) 6 Kaiser-Franz-Josefs-Höhe (2396 m)

1
2
3
4

Zentralalpen / Antholz

Seit 1975 ist Antholz eine feste Größe im europäischen Wettkampfkalender der Biathleten und Langläufer. Immerhin zieht sich dieses abgelegene Tal von 1050 Meter Höhe hinauf zur italienisch-österreichischen Grenze auf dem Staller Sattel (2052 m).

Im Obersee einige Meter jenseits der Grenze machte die Brunecker Wasserrettung 1999 bei einer Übung einen sensationellen Fund: Europas höchstgelegenes Schiffswrack, nämlich einen 3,1 Meter langen Einbaum aus dem 11. Jahrhundert, den bisher einzigen aus Zirbenholz. Offenkundig gehörte er einem Fischer, der den Gaumen seines Landesherrn, des Fürstbischofs von Brixen, mit Fischen verwöhnte.

Zwar diente der Staller Sattel den Deferegger Teppichhändlern als kürzester Übergang zu den Südtiroler Geschäftspartnern, doch heute gestattet die nachts gesperrte einspurige Straße im letzten Anstieg nur Wechselverkehr.

Blickrichtung Nordosten

1 Ruthner Horn (3357 m) 2 Magerstein (3271 m)
3 Großvenediger (3666 m) 4 Hochgall (3436 m)
5 Gr. Ohrenspitze (3101 m) 6 Lasörling (3098 m)
7 Staller Sattel (2052 m) 8 Hochalmspitze (3360 m)

1
2
3
4
5

Lienz

Das Lienzer Becken ist uralter Kulturboden. So stand 5 Kilometer östlich von Lienz Aguntum, das Verwaltungszentrum des südöstlichen Bezirks der römischen Provinz Norikum, der Osttirol und das Pustertal bis knapp an das Eisacktal umfasste. Die Entdeckung Aguntums glückte 1871 beim Bau der Pustertalbahn. Da kam bei Bruneck ein römischer Meilenstein mit dem Hinweis „45 Meilen Aguntum" zum Vorschein. Ingenieure maßen exakt zurück und stießen unter einer Wiese auf die Reste dieser Stadt, in der es sogar eine Therme und Fußbodenheizungen gab.

Die Lage am Zusammenfluss von Isel und Drau begünstigte den Lienzer Handel im Drautal nach Südtirol und Kärnten sowie nordwärts über den Felber Tauern und das Heiligenbluter Hochtor nach Salzburg und Bayern. Besonders auffallend sind die Spuren der Erosion: Der riesige Schwemmkegel (vor dem Petzeck), dessen Masse sich an der weiten Bucht darüber abschätzen lässt.

Blickrichtung Nordosten
1 Hochschober (3 242 m) 2 Schleinitz (2 906 m)
3 Petzeck (3 283 m) 4 Mulleter Seichenkopf (2 916 m)
5 Zettersfeld 6 Leitenkopf (2 449 m)
7 Iselsberg (1 208 m) 8 Dölsach (731 m)

1
2
3
8
9
10

Ennstal/ Hohe und Niedere Tauern

Der Blick aus dem Luftraum nahe der Bischofsmütze führt 135 Kilometer südwärts über die Niederen Tauern im Alpenhauptkamm zu den Karawanken und dem Triglav in den Südlichen Kalkalpen. Parallel zu dieser Sichtachse verläuft seit dem Bau einer Römerstraße vor knapp zwei Jahrtausenden bis zur modernen Tauernautobahn der nach dem Brenner wichtigste Handelsweg zwischen Oberitalien und Salzburg bzw. Bayern. Der Rossbrand (Bildmitte) verstellt die Sicht auf das Ennstal und auf Radstadt. In der Raststation Eben (rechts knapp außerhalb des Bildes) informiert ein sehenswertes Museum über die Geschichte dieses Verkehrsweges.

Der Ortsname Filzmoos verbindet zwei häufige Flurnamen: „Filz" und „Moos" bezeichnen ehemals sumpfiges oder mooriges Gelände, das Siedler ungefähr ab dem 12. Jahrhundert trockengelegt haben, um Weiden und Ackerland zu gewinnen.

Blickrichtung Süden
❶ Hochgolling (2862 m) ❷ Gurpitscheck (2526 m) ❸ Triglav (2864 m, 135 km entfernt) ❹ Mittlerer Sonnblick (3000 m, östlichster Dreitausender der Alpen) ❺ Hochalmspitze (3360 m) ❻ Ankogel (3252 m) ❼ Flachau (920 m) ❽ Untertauern (1006 m) ❾ Forstau (925 m) ❿ Filzmoos (1057 m)

1
2
3
4

Kärntner Nockberge

Bad Kleinkirchheim liegt südlich des Alpenhauptkammes inmitten der Kärntner Nockberge, dem Gegenstück zu den Grasbergen im Norden: runde Kuppen, sanfte Konturen, weite Almböden und „Heimat des Speik" (Baldrian), einer unscheinbaren, aber wohlriechenden Pflanze, die seit rund 2500 Jahren als Heilmittel und in der Kosmetik angewandt wird. Im 18. Jahrhundert wurde getrockneter Speik sogar bis Arabien und Westafrika verschifft, denn als Räucherwerk sollte er Ungeziefer von den Tischen der Reichen vertreiben.

Im 11. Jahrhundert entdeckte ein bayerischer Fürst in Kleinkirchheim eine heilkräftige Therme, die zu ihrem Schutz 1492 mit der „Kirche St. Katharina im Bade" überbaut wurde. In diesem Gotteshaus steht einer von 75 Flügelaltären in Kärnten – das sind mehr als im übrigen Österreich zusammen. Weil nämlich die Habsburger das Herzogtum Kärnten vernachlässigten, fehlte das Geld, um gotische Kirchen zu barockisieren. Ebenso reich ist Kärnten an Wehrkirchen, in denen die Menschen Schutz vor den einfallenden Türken gesucht hatten.

Blickrichtung Nordosten
1 Rosennock (2440 m) 2 Pfannock (2254 m)
3 St. Oswald (1310 m) 4 Klomnock (2331 m)
5 Moschelitzen (2310 m) 6 Eisenhut (2441 m)
7 Speikkogel (2270 m) 8 Ebene Reichenau (1062 m)

Gletscher – Fieberthermometer der Natur

200 Kubikkilometer Eis lagen beim letzten Hochstand der Gletscher um 1850 auf 4470 Quadratkilometern (= fast die halbe Fläche Tirols) des rund 900 Kilometer langen Alpenbogens. Das entspräche einem Eiswürfel von 6 Kilometer Seitenlänge. In den 160 Jahren seither hat der Klimawandel diese Eismasse von 200 auf 65 Kubikkilometer und von 4400 auf 2260 Quadratkilometer abgemagert. Gegenwärtig kostet der Klimawandel die Gletscher jährlich zwischen zwei und drei Prozent ihrer Masse. Den Schwund seit 1850 erkennt man an den Moränen – den Schutthalden, die ein Gletscher an seinen Seiten und vor seiner Zunge hinterlässt. In den Alpen trieb der Klimawandel die durchschnittliche Temperatur seit 1886 um knapp zwei Grad in die Höhe.

Im 16. Jahrhundert löste ein umgekehrter Klimawandel die „kleine Eiszeit" aus. Die Gletscher wuchsen an, stießen bedrohlich talwärts vor und „überfuhren" etliche Bergbaue. Binnen sechs Jahrzehnten fiel die Temperatur um 1,5 Grad Celsius. Die Folgen trafen vor allem Bauern: längere Winter, Jahre „ohne Sommer", kürzere Vegetationszeit, geringere Ernten, verteuerte Agrargüter und folglich auch Hungersnöte. Weil selbst die Wissenschaft diesen beklemmenden Vorgang nicht erklären konnte, sprang der Aberglaube ein: Hexerei und Zauberei. Und so befiel der Hexenwahn vor allem im 17. Jahrhundert die Alpenländer. Beispielweise bezeugte 1575 ein Hirte nach einem schweren Hagelschlag im Pinzgau vor Gericht, er habe Hexen bei ihrem Treiben auf einem Gletscher beobachtet. Sie hätten Eisbrocken herausgeschlagen, zu Hagelkörnern zerstoßen, diese auf die erntereifen Felder im Tal geschleudert und so absichtlich die Ernten vernichtet.

Das Ötztal litt wegen seiner hoch gelegenen und verästelten Nebentäler wie kein anderes Tal in den Ostalpen unter den Gletschervorstößen. 1773 blockierte der Vernagtferner mit einem fast 150 Meter hohen Eisdamm das Rofental auf einer Höhe von 2200 Meter circa 5 Kilometer südwestlich von Vent und staute einen 1,3 Kilometer langen und 350 Meter breiten See auf. Die Eisbarriere brach unter dem Druck des Wassers, dessen Flutwelle das Ötztal verheerte und sogar im 120 Kilometer entfernten Innsbruck noch Schäden anrichtete.

Nebenan im Gurgler Tal blockierte der Gurgler Ferner 4 Kilometer südlich von Obergurgl auf 2200 Meter mehrmals den Zufluss aus dem Langtal und staute die bis zu 4 Quadratkilometer große „Gurgler Lacke" auf. Ihr Ausbruch verwüstete 1717 und 1770 das Ötztal.

◀ So sah ein Zeitgenosse den dramatischen Vorstoß des Vernagtferners 1773 nahe Vent in den Ötztaler Alpen.

Ehe die Aufklärung die Entstehung und Bewegung der Gletscher enträtselt hatte, wurden die Ötztaler Hochwasserkatastrophen den „Malefiz-Buben" angelastet. Sie wurden wegen Hexerei und Schadenzauber (= Maleficium) hingerichtet.

Als dramatische Folge des Gletscherschwundes, besonders in den letzten 50 Jahren, verliert Europa auch ein „Wasserreservoir". Gletscher und Schnee sind „festes" Wasser, das die Alpen im Kreislauf des Jahres dosiert abgeben. Fällt jedoch in den Alpen zunehmend mehr Regen als Schnee, dann schrumpft dieses „Rückhaltebecken" und Wasser fließt sofort ab. Daher verstärkt der Gletscherschwund auch die Gefahr von Muren in den Alpentälern sowie von Hochwasser bis weit in das Flachland hinaus.

Seit 750 000 Jahren verschwanden die Alpengletscher in mindestens neun wärmeren Zeiten als heute. Nach diesem Zyklus erleben wir den Klimawandel als warmes Hoch zwischen „Kaltzeiten". Irgendwann in ferner Zukunft werden also die Gletscher wieder anwachsen.

Im Kriegsjahr 1915 begann der Gletscherskilauf

„Der Krieg ist Vater aller Dinge" befand der griechische Philosoph Heraklit (550–480 v. Chr.). Mag sein, jedenfalls war der Dolomitenkrieg von 1915 bis 1918 Vater des Gletscherskilaufs im Sommer. Als Italien im Mai 1915 in den Krieg gegen Österreich-Ungarn eintrat, bedurfte die österreichische Armee dringend ausgebildeter Skisoldaten für den ersten Gebirgskrieg der Geschichte und suchte einen passenden Gletscher für das Training im Sommer. Die Wahl fiel auf das vergletscherte Kitzsteinhorn wegen der konkurrenzlosen Nähe von nur 10 Kilometern zum Bahnhof Zell am See. So begann im Sommer 1915 die Geschichte des Gletscherskilaufs.

Ein Jahrhundert später tummeln sich Zehntausende Skiläufer auf neun erschlossenen Gletschern der Ostalpen, davon vier in den Ötztaler Alpen. Allerdings verkürzte der Klimawandel das ganzjährige Skivergnügen, auch auf den Gletschern gibt es Sommerpausen.

Der Gletscherskilauf verhalf einer skitechnischen Revolution zum Durchbruch

Der Vorarlberger Berufsoffizier Georg Bilgeri hatte bereits an der Wende zum 20. Jahrhundert den hohen Wert des Skilaufs für Gebirgstruppen erkannt und damit begonnen, eine hochmobile Skitruppe aufzustellen. Doch dabei geriet er in einen erbitterten Streit mit dem niederösterreichischen Reserveoffizier Mathias Zdarsky, dessen neue „Lilienfelder Skitechnik" 1896 den norwegischen Telemark abgelöst hatte: Grundform des Stemmschwungs, allerdings gesteuert mit der 2 Meter langen „Alpenstange". Bilgeri befand diese als Hindernis für Skisoldaten mit schwerem Gepäck und Waffen und führte nun zwei Skistöcke, auch als Erleichterung im Anstieg, ein. Die hitzige Auseinandersetzung um „Alpenstange" oder zwei Skistöcke eskalierte bis zur Duellforderung, die das Armeekommando unterband und den Streit für Bilgeri entschied.

▲ Im Mai 1930 organisierten die „Wiener Blätter" in der Venediger-Gruppe das erste „Skifliegen". Aus diesem ersten Versuch entwickelte sich das Paragleiten.

Auf einem zwei Kilometer langen Flachstück des Obersulzbachkeeses nahe der Kürsingerhütte (2549 m) in der Venediger-Gruppe fand im Mai 1930 die Premiere des Paragleitens statt. Der Wiener Flugzeugkonstrukteur Hans Bauer und der Skiläufer Josef Krupka wollten ihren Traum vom „Skifliegen" verwirklichen und hatten dafür ein Gerät entwickelt, das auf der Rax die ersten schüchternen Proben bestand: Ein „Flugmieder", an dem in Gürtelhöhe zwei Tragflächen befestigt waren. Allerdings erforderte das Abheben mindestens Tempo 40. Das schaffte man nur mit Skiern. Und das glückte erstmals auf dem Obersulzbachkees, allerdings erst bei Tempo 100 und nur für mehrere bis zu 150 Meter weite Flüge. Lange 30 Jahre später tauchte das mittlerweile vergessene „Skifliegen" unter dem Namen „Drachenfliegen" wieder auf und entwickelte sich als Paragleiten zum Volkssport.

Gletscher – Strafe Gottes für Prasserei

Im Namen der Pasterze unterhalb der Nordabstürze des Großglockner stecken die lateinischen Begriffe „pastus" (Viehweide) und „pastor" (Hirte). Deutlicher beschreiben Gleiches die Namen der „Übergossenen Alm" auf dem Hochkönig und des „Hochalmkeeses" in Oberkärnten. Tatsächlich wuchsen in einer Warmzeit vor sechs Jahrtausenden Pflanzen, wo heute Gletscher liegen. Die Sagen, das „Gedächtnis der Völker", verwahrten die Erinnerung daran, doch die Menschen konnten sich die Entstehung der Gletscher nur als Strafe Gottes erklären:
Auf ehedem fetten Almen trieben Senner und Sennerinnen ein ausgelassen üppiges Leben. Aus Milch stellten sie Butter und Käse in solchen Mengen her, dass sie damit morastige Wege pflastern, Kegel und Kugeln für lustigen Zeitvertreib formen und sogar zur Pflege einer glatten Haut in Milch badeten. Sie schwänzten die Sonntagsmesse und wiesen hungrige Bettler barsch ab. Das erzürnte Gott so sehr, dass er einen verheerenden Platzregen und anschließend eine Kältewelle schickte, sodass die sündigen Almen unter ewigem Eis verschwanden.

Auch auf der Marmolata dehnten sich einst fette Almen und Wiesen. Am „Hohen Frauentag", dem 15. August, unterbrachen die Almleute wie üblich die Heuarbeit und stiegen zum Gottesdienst in das Tal ab. Nur zwei Senner brachen dieses Gebot und besorgten die Heuernte. Plötzlich begann es zu schneien und hörte erst auf, nachdem die ganze Marmolata samt den Almen und den beiden Frevlern unter ewigem Eis verschwunden war.

Ähnliches widerfuhr prachtvollen Städten in den Ötztaler Alpen. Die Menschen führten ein üppiges und zügelloses Leben, missachteten wie einst die Bürger von Sodom und Gomorrha Gottes Gebote und verwehrten aus Geiz und Hochmut Bettlern ein Almosen. Zur Strafe löschte Gott diese Städte statt mit Schwefelregen und Feuer mit einem gewaltigen Eisregen aus, der dieses Lotterleben unter einer dicken Eisschicht erstickte.

▲ Die Vergleichsfotos von 1884 und 2005 dokumentieren am Beispiel des Ötztaler Hintereisferners die Auswirkung des Klimawandels.

Das Wasserreservoir der Zivilisation

„Wasser ist zum Waschen da“, trällerte es ab 1956 jahrelang aus dem Radio. Ein halbes Jahrhundert später deckt die Statistik auf, dass jeder Bewohner der Ostalpen am Tag 130 Liter Wasser verbraucht: Hygiene, Bad und Dusche 60 l, WC 30 l, Waschmaschine 20 l, Auto und Garten 6 l, Putzen 6 l, Geschirrspülen 3 l – aber nur 5 l zum Trinken und Kochen.

Wir Bewohner der Ostalpen können uns das leisten, weil wir wie die Ölprinzen am Persischen Golf auf einem Schatz sitzen. Die durchschnittlichen Durchflussmengen der acht ostalpinen Flüsse an der Grenze zum Flachland bestätigen das: 1310 Kubikmeter pro Sekunde, das sind je Stunde 4,7 Millionen und im Jahr 41 Milliarden Kubikmeter. Der physiologische Wasserbedarf eines Menschen beträgt pro Tag etwa 2,5 Liter. 41 Milliarden Kubikmeter decken somit theoretisch den Wasserbedarf von 16,4 Milliarden Menschen. Von den 41 Milliarden Kubikmetern Durchflussmenge der ostalpinen Flüsse werden nur rund 5 Prozent verbraucht. Also fließen rund 95 Prozent des ostalpinen Wassers „ungenützt“ über den „großen Sammler“ Donau in das Schwarze Meer oder in die Adria (Etsch) und in die Nordsee (Ill) ab.

Uralte Erfahrungen belegen die Heilkraft des Wassers, weil sein physikalischer Reiz Reaktionen des Körpers auslöst und deshalb das Immunsystem stärkt. Diesen Effekt kennen auch Wanderer. Man hält müde Füße nach stundenlangem Marsch in einen Bergbach. Der Kälteschock „beißt“ zwar, löst aber nach ca. 90 Sekunden ein wohlig-warmes Gefühl aus. Dieser Schock erweitert nämlich die Blutgefäße, um die Durchblutung zu verbessern. Deshalb werden müde Füße wieder wanderlustig.

Technische Revolution in der Einschicht

Elektrisches Licht leuchtete in den Ostalpen erstmals 1881 im entlegenen Rauriser Talschluss. Der 37-jährige Zimmermann Ignaz Rojacher hatte 1876 den aufgelassenen Goldbergbau um 55 000 Euro (Geldwert 2013) erworben und in Wien eine 1,5 Watt starke „dynamisch-elektrische Maschine“ gekauft, die er mit einem Wasserrad in Betrieb setzte. Dieses Wunderwerk speiste in den Betriebsräumen zehn 15-Watt-Birnen und untertags eine Kreissäge. Rojachers Argument: „Wasser fließt reichlich und kostet nichts, Petroleum [für Lampen] aber viel.“ 1889 verkaufte er den von Pleite bedrohten Bergbau um 176 000 Euro an einen französischen Spekulanten. Rojachers Pioniertat im Vergleich: Das elektrische Licht ging den New Yorkern 1882 auf, den Salzburgern und Bregenzern 1884, den Wienern 1887, den Innsbruckern 1889 und den Meranern 1896. Preise von damals im Vergleich zu Rindfleisch: 1 Kilowattstunde = 2 Kilo, 1 Glühbirne = 5 Kilo.

Auch die erste Skitour auf einen Dreitausender fand 1894 im Rauriser Talschluss statt. Wilhelm von Arlt bestieg den Sonnblick (3 106 m) und bewältigte die Abfahrt über 1 500 Höhenmeter in Telemarktechnik mit Einstock in 32 Minuten.

Technischer Fortschritt braucht Zeit

Im Sog der touristischen Erschließung drang langsam auch der technische Fortschritt bis in die entlegensten Täler vor. Heute fällt es schwer, sich den alpinen Alltag ohne „selbstverständliche“ Geräte vorzustellen. Das gilt vor allem für Hausarbeit, in deren Bereich die Technik sehr mühsame und zeitraubende Aufgaben übernahm. Um 1860 löste der „Sparherd“ die offene Feuerstelle in der Küche ab. Mit dem Sparherd konnte man kochen, braten, backen und im „Schiff“ (eingebauter Wasserbehälter) Wasser erhitzen. Der elektrische Boiler tauchte erst um 1924 auf. 1908 gab es schon „elektrische Kochplatten“, die Vorläufer des E-Herdes. Das elektrische Bügeleisen kam erstmals 1897 auf den Markt, der Kühlschrank 1937 und die elektrische Waschmaschine 1951. 1924 ging der erste Rundfunksender in Betrieb. Und erst ab 1925 wurden Neubauten mit Badezimmern ausgestattet. Bis dieser technische Fortschritt flächendeckend die hintersten Alpentäler erreicht hatte, dauerte es allerdings noch bis 1989.

„Kees“ ist kein Leckerbissen

In den Ostalpen lebte nur in Vorarlberg das lateinische Wort „glacies“ (= Eis) im Begriff „Gletscher“ fort. Im östlich anschließenden Tiroler Sprachraum heißen die Gletscher „Ferner“, übernommen vom mittelhochdeutschen Wort „fern“ für „alt“ oder „vorjährig“ (daher stammt auch der „Firn“). Von den Zillertaler Alpen ostwärts nennt man den Gletscher „Kees“. Das bezeichnet kein nahrhaftes Lebensmittel, sondern wurzelt im althochdeutschen „chees“ für „Eis“. Im Zug der touristischen „Globalisierung“ werden aber „Ferner“ und „Keese“ fast nur mehr „Gletscher“ genannt.

1
2
3
9
8

Kalkalpen/Wörthersee

Der mit 16 Kilometer Länge und knapp 20 Quadratkilometer Fläche größte Kärntner See entstand in einer von den Gletschern der Eiszeit ausgeformten tektonischen Furche. Wegen des günstigen Klimas entwickelte sich der Wörthersee ab Ende des 19. Jahrhunderts zu einem touristischen Magneten. Aus dem Südufer ragt die Halbinsel Maria Wörth in den See. Der Ursprung dieses Wallfahrtsorts reicht in die Zeit der Slawenmissionierung im 8. Jahrhundert zurück.

Damit hängt auch die Sage über die Entstehung des Wörthersees zusammen: Einst stand hier eine reiche Handelsstadt, deren Bürger in Saus und Braus lebten und Gott vergaßen. Vergeblich riefen die Kirchenglocken zum Gottesdienst – sogar zu Weihnachten. Da tauchte ein Männlein mit einem Fässchen unter dem Arm auf und ermahnte die betrunken Johlenden, in die Kirche zu gehen. Weil er nur Hohn erntete, zog er den Stöpsel aus dem Fässchen und sogleich ergoss sich daraus Wasser in solchen Mengen, dass alle Gottlosen und ihre Stadt für immer in den Fluten versanken.

Blickrichtung Südwesten
1 Triglav (2864 m) 2 Mittagskogel (2145 m)
3 Škrlatica (2738 m) 4 Jalovec (2643 m) 5 Mangart (2677 m)
6 Montasch (2754 m) 7 Pörtschach (461 m)
8 Maria Wörth (450 m) 9 Keutschacher See (506 m)

1
2
3
4
9
10

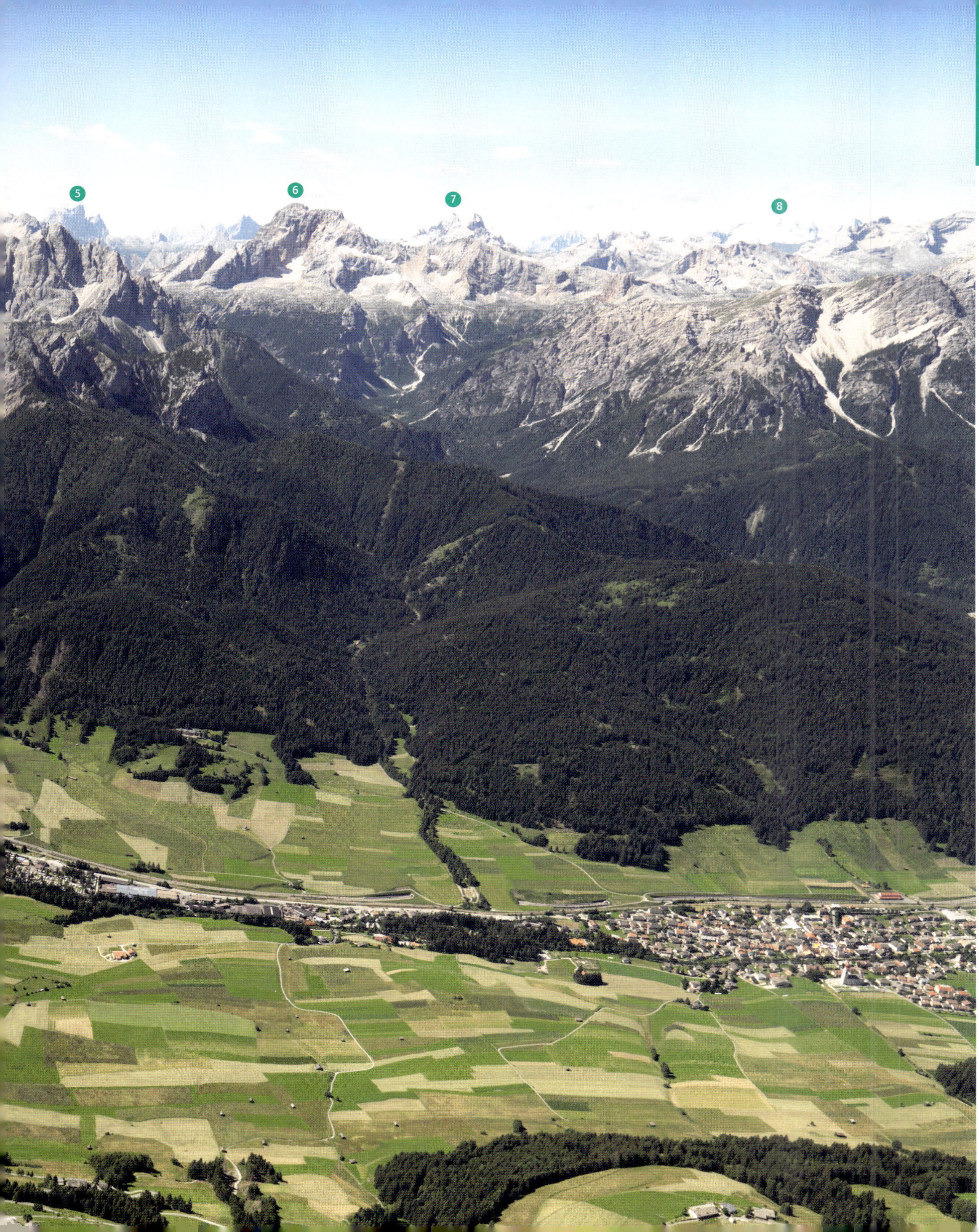

Dolomiten / Pustertal

Das Toblacher Feld (1190 m) bildet die Wasserscheide zwischen Schwarzem Meer und Adria. Bei Schluderbach im Höllental entspringt die Rienz. Sie fließt durch den Dürrensee und den Toblacher See und biegt in Toblach nach Westen Richtung Eisack. Nur zwei Kilometer östlich des Knicks der Rienz sprudelt die unscheinbare Drau aus einem Hangfuß und beginnt ihren 750 Kilometer langen Weg durch Osttirol, Kärnten, Slowenien und als kroatisch-ungarischer Grenzfluss bis zur Mündung in die Donau.

Bereits im 4. Jahrhundert v. Chr. siedelten Kelten im Hochpustertal. Nach der Römerherrschaft und den Stürmen der Völkerwanderung stießen Slawen und Bajuwaren in dieses Land vor. Im 8. Jahrhundert wurden Benediktiner mit der Aufgabe betraut, in Innichen (ganz links) ein Kloster zur Missionierung und Bildung der Bevölkerung zu gründen. Von dieser Kulturleistung zeugt noch heute die im 13. Jahrhundert gebaute Stiftskirche, die zu den bedeutendsten romanischen Sakralbauten in den Ostalpen zählt.

Blickrichtung Süden
1 Dreischusterspitze (3145 m) 2 Höllental
3 Antelao (3264 m) 4 Cristallo (3221 m)
5 Civetta (3220 m) 6 Hohe Gaißl (3139 m)
7 Tofana di Mezzo (3244 m) 8 Marmolata (3343 m)
9 Toblach 10 Sexten

1
2
3
4
5
6

Dolomiten/Sexten

Zwischen Innichen und Sexten zweigt südwärts das stille Innerfeld-Tal ab, das direkt auf die Drei Zinnen zusteuert. Links im Bild das Fischleintal, das von Sexten zum Fischleinboden führt, dem Ausgangspunkt für Touren zu den berühmten Sextener Dolomiten – dem Zwölfer und den Drei Zinnen. Aus der Vogelperspektive fällt der Haunold (rechts) nicht auf, obschon er der beherrschende Blickfang im oberen Pustertal ist. Was ihm an Höhe zu den Sextener Gipfeln fehlt – rund 200 Meter zum Nachbarn Dreischusterspitze –, macht er nämlich durch seine Position als weit nach Norden vorgeschobener Gipfel wett.

Die auffallend langen Geröllhalden und Sandriesen an den Bergflanken dokumentieren das unablässige Nagen der Erosion an den Dolomiten. Das verläuft allerdings in Mega-Zeitlupe, weshalb die Dolomiten frühestens in 20 Millionen Jahren weggenagt sein werden.

Blickrichtung Süden

1 Zwölferkofel (3094 m) 2 Dreischusterspitze (3145 m)
3 Große Zinne (2999 m) 4 Antelao (3264 m)
5 Punta Sorapis (3205 m) 6 Pelmo (3168 m)
7 Cristallo (3221 m) 8 Haunold (2966 m)

Jahrmillionen alte Sonnenuhr

Die Sextener bedurften einst keiner Landkarten, um sich in ihrer Heimat zurechtzufinden. Aber eine Uhr war praktisch, um das Tagewerk einzuteilen. Dafür stellte ihnen die Natur eine Jahrmillionen alte und zugleich die größte Sonnenuhr der Welt zur Verfügung – die Gipfel im Fischleintal: Der Neuner (2582 m), Zehner (2965 m), Elfer (3092 m), Zwölfer (3094 m) und Einser (2699 m). Betrachtet von Sexten aus, rückt die Sonne jeweils in einer Stunde von einem dieser Gipfel zum nächsten vor und zeigt exakt die Tageszeit an.

Kaiser Otto I. übertrug 965 dem Benediktinerkloster Innichen das Sextener Tal und die Aufgabe, Slawen zu bekehren, das Volk religiös, wirtschaftlich und medizinisch zu betreuen und zu unterrichten. Folgerichtig kannten die Sextener zumindest ansatzweise das Prinzip Sonnenuhr und wandten es auf die Gipfel im Talschluss an.

Über die „Sextener Sonnenuhr" verlief die Front im Dolomitenkrieg. Italienischer Artilleriebeschuss richtete 1916 in Sexten derart starke Zerstörungen an, dass die Bevölkerung ein Jahr lang evakuiert war. Im Jahr 2007 erregte der Einser weltweit Aufsehen: Ein Bergsturz von 60000 Kubikmetern Fels (bedeckt ein Fußballfeld 6 Meter hoch) donnerte zu Tal und hüllte es tagelang in eine Staubwolke.

1
2
3
4
5
6

Drei Zinnen/Sexten

Alle Wege führen zur Dreizinnenhütte. 1881 von der AV-Sektion Hochpustertal errichtet, 1915 im Dolomitenkrieg zerstört und 1922 wieder aufgebaut, zählt sie heute täglich bis zu 2000 Besucher, die vorwiegend auf dem bequemen 4 Kilometer langen Weg vom Parkplatz jenseits der Großen Zinne herüberwandern, um die Drei Zinnen zu bestaunen. 1889 übernahm der berühmte Sextener Bergführer Sepp Innerkofler die Hütte als Wirt. Im Juli 1915 wagte er einen gefährlichen Angriff durch ausgesetztes Klettergelände auf die italienische Stellung auf dem Paternkofel und wurde dabei getötet. Noch heute sind die unterirdischen Gänge im Paternkofel und Reste militärischer Stellungen im Umfeld der Dreizinnenhütte erhalten.

Die Erstbesteigung der Großen Zinne glückte 1869 Paul Grohmann mit Peter Salcher und Franz Innerkofler, die Westliche Zinne wurde 1879 von Michel Innerkofler und Georg Ploner erstmals bestiegen und die besonders schwierige Kleine Zinne 1881 von Michel und Hans Innerkofler.

Blickrichtung Süden

❶ Paternkofel (2744 m) ❷ Kleine Zinne (2857 m)
❸ Große Zinne (2999 m) ❹ Cadinspitzen (2839 m)
❺ Westliche Zinne (2973 m) ❻ Dreizinnenhütte (2438 m)

Der erste Gebirgskrieg der Geschichte

Aus dem Verlust der Lombardei (1859) und Venetiens (1866) zog Österreich-Ungarn den strategisch richtigen Schluss: Sperre der nordwärts zu den Pässen im Alpenhauptkamm ziehenden Täler mit Dutzenden Festungsriegeln.

Als Italien 1915 Österreich-Ungarn den Krieg erklärte, stand somit fest, dass „herkömmliche" Offensiven durch diese Täler strategischer Wahnwitz gewesen wären. Als Alternative blieb der erste Gebirgskrieg der Geschichte: Besetzung von Gipfeln sowie kleinräumige Operationen in Höhen zwischen 2000 und 3900 Meter ohne Aussicht auf großräumigen strategischen Durchbruch. So entspann sich zwischen Ortler und den Karnischen Alpen ein Stellungskrieg in extrem schwierigem Gelände und unter ebenso extremen klimatischen Bedingungen. Es war ein dreijähriger Kampf des gegenseitigen Belauerns ohne Chance auf einen Sieg.

Beide Seiten verfügten über hervorragende Alpinisten mit ausgezeichneten Kenntnissen der Kletterrouten. Sie versuchten, über solche Routen Gipfelstellungen auch bei Nacht zu überrumpeln. Nicht zu tarnen waren militärische Bewegungen rings um besonders hart umkämpfte Gipfel und auf den Gletschern. Daher sprengte man Unterkünfte, Geschützstellungen, Materialdepots, Verbindungs- und Nachschubwege aus dem Fels oder dem Gletschereis. Allein den Marmolata-Gletscher durchzog ein 12 Kilometer langes Höhlensystem.

Um das Patt in diesem Stellungskrieg zu durchbrechen, begann im April 1916 der „Minenkrieg". Man trieb Stollen unter einen Gipfel und sprengte ihn. Auf diese Weise gewannen die Italiener die Schlüsselstelle Col di Lana und die Österreicher den Monte Cimone. Insgesamt wurden unter riesigem Aufwand an Sprengstoff 34 strategische Positionen des jeweiligen Gegners zerstört, jedoch keine Wende erzwungen.

Im Dolomitenkrieg starben 180000 Mann, davon rund 60000 unter Lawinen. Die ohnehin schwierige Versorgung exponierter Stellungen und Unterkünfte erforderte nämlich unter anderem die halsbrecherische Querung verschneiten Steilgeländes, wobei unzählige Transporteinheiten unter Lawinen gerieten. Zahlreiche Unterkünfte klebten wie Schwalbennester an Wänden und einige davon rissen Lawinen in die Tiefe. Nochmals rund 60000 Soldaten erlagen dem Mangel an ausreichender Versorgung mit Lebensmitteln und Brennstoff, der Entkräftung infolge der Strapazen, dem unzureichenden Schutz gegen eisige Stürme und beißende Kälte. Somit fiel „nur" ein Drittel der Opfer im Kampf.

Im Dolomitenkrieg gewann keine Seite einen entscheidenden Vorteil, doch Österreich-Ungarn verlor ihn politisch durch den Zusammenbruch im Spätherbst 1918.

Noch heute lassen Soldatenfriedhöfe sowie Reste von Schützengräben, Stellungen und Unterkünften die Härte des Dolomitenkrieges erahnen.

1
2

Dolomiten/Cortina

Der Name „Cortina" entstammt dem lateinischen Wort für Kessel oder Vorhang und beschreibt treffend die Lage dieser Stadt im Gebirge. Ladinisch bedeutet Cortina aber eine ringförmige Mauer oder einen ummauerten Friedhof. Der ursprünglich ladinische Ortsname „Anpez" (ital. Ampezzo) bezeichnete eine Genossenschaft von Einheimischen, wogegen Zugewanderte „Cortineser" hießen. Die Herkunft des Wortes „Anpez" ist ungeklärt. Im Mittelalter unterstand Cortina dem Patriarchen von Aquileia, von 1420 bis 1511 der Republik Venedig, dann wurde es bis 1918 Tirol angegliedert.
1956 fanden in Cortina olympische Winterspiele statt, die mit dem Sieg des Österreichers Toni Sailer in allen alpinen Bewerben endeten. Im Riesenslalom fuhr er den heute unvorstellbaren Vorsprung von sechs Sekunden auf den Zweiten und 13 Sekunden auf den Zehnten heraus. Dank wesentlich verbesserter Ausrüstung und Pisten sowie verfeinerter Fahrtechnik erreichen heute bis zu 20 Läufer innerhalb einer Sekunde das Ziel.

Blickrichtung Nordosten:
1 Hohe Gaißl (3 139 m) 2 Großvenediger (3 666 m)
3 Cristallo (3 221 m) 4 Großglockner (3 798 m)
5 Dreischusterspitze (3 145 m) 6 Drei Zinnen

1
3
4
5
2

Dolomiten/Fanes

Das zwischen 2200 und 2500 Meter hoch gelegene Amphitheater der Kleinen Fanesalpe trägt einen Namen, der im Lateinischen wurzelt: „Fanum" bezeichnet einen geheiligten Ort und „fane" bedeutet „fern". Beides trifft auf die geheimnisvollen Fanesleute zu, die fern unserer Welt mit Murmeltieren tief unter diesem Gebirge jener „verheißenen Zeit" harren, in der sie ihr sagenhaftes Reich wieder zurückgewinnen werden.

Einst hatte der Faneskönig sein Reich durch Bündnisse erweitert und damit Gegenbündnisse provoziert. Es kam unausweichlich zur Schlacht, die der König verlor, weil seine Gegner die unfehlbaren Pfeile der Königstochter gestohlen hatten. Deshalb flüchteten die Fanesleute in die geheimen Gänge der Murmeltiere.

Nach Westen bricht diese Hochfläche in senkechten Wänden 500 Meter tief in das Gadertal ab.

Blickrichtung Nordosten
1 Cristallo (3221 m) 2 Zehnerspitze (3026 m)
3 Punta Sorapis (3205 m) 4 Tofana di Mezzo (3244 m)
5 Tofana di Rozes (3225 m) 6 Conturines (3067 m)
7 La Varella (3055 m)

1
2
3
7

Dolomiten/Alta Badia

In Corvara endet das 32 Kilometer lange Gadertal (rechts). Die Ladiner nennen dieses Kernstück ihrer Heimat Alta Badia („Hochabtei"). Der Begriff verweist auf eine tausendjährige Geschichte. Beträchtliche Teile des Gadertales gehörten nämlich seit Mitte des 11. Jahrhunderts bis zur Säkularisation 1785 zur „Abtei" der Benediktinerinnen in Sonnenburg am Eingang des Tales bei Bruneck. Im 14. Jahrhundert tauchten dafür in Urkunden die Namen „Aptay", „Abbacia" oder „Badia" auf. „Alta" (hoch) erklärt sich bei der Höhenlage Corvaras auf 1558 Meter von selbst. In Corvara zweigt die Straße über das Grödner Joch zwischen Sella (links) und der Geißlergruppe nach Gröden ab. Nach links führt die Straße über den Campolongo-Sattel (1875 m) nach Arabba.

Blickrichtung Westen

1 Langkofel (3181 m) 2 Ortler (3905 m, 110 km entfernt) 3 Weißkugel (3739 m) 4 Sass Rigais (3025 m) 5 Stubaier Alpen 6 Peitlerkofel (2875 m) 7 Corvara

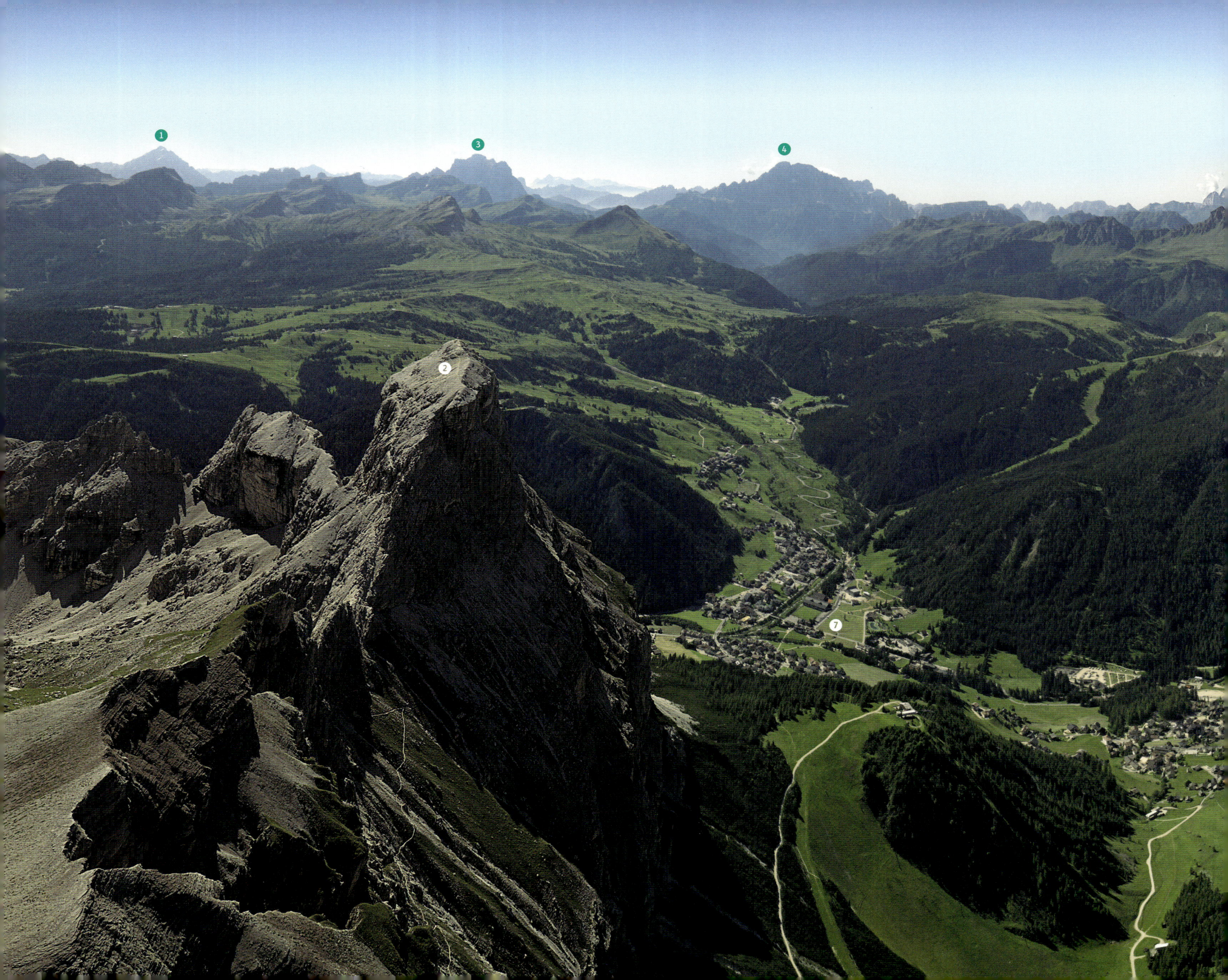
1
3
4
2
7

Dolomiten/Corvara

Alta Badia am Ende des Gadertales ist ein weites Becken zwischen den Dreitausendern der Sella, der Geißlergruppe und der Fanes. Die Höhenlage von rund 1600 Meter ließ nur karge Landwirtschaft zu. Doch die Menschen behalfen sich durch Lösungen, die Gemeinsinn und Nachbarschaftshilfe förderten: Mehrfamilien-Bauernhöfe, gemeinsame Holzhütten, Brunnen oder Backöfen. Almen begünstigen die Viehwirtschaft.

Mit unerlässlicher und zugleich mühsamer „Pflege der Landschaft" zwischen Talboden und Felsen schufen Bauern auch die Voraussetzung für die Entwicklung des Tourismus und des Skisports. Im Blickfeld links der Sassongher – „blutiger Fels" wegen seiner rötlichen Färbung – und dahinter der Campolongo-Sattel.

Blickrichtung Süden
1 Antelao (3264 m) 2 Sassongher (2665 m)
3 Pelmo (3168 m) 4 Civetta (3220 m) 5 Marmolata (3343 m)
6 Piz Boé (3152 m) 7 Corvara

1
2
3
4
5

Dolomiten/Sella

Das Grödener Tal endet an den gestuften Abbrüchen der Sella. Der Name dieses Gebirgsstockes verwirrt, denn das italienische „Sella" bedeutet „Sattel". Das trifft nur auf die vier „Sättel" (Pässe) rings um die Sella zu. Präziser ist das ladinische „Meisules", das aber nur Teile dieses Gebirges bezeichnet. Es wurzelt im lateinischen „Mensula" für „Tischchen" und beschreibt augenfällig die waagrechte Schichtung der Sella.

An der Sella-Nordwestflanke liegt in 2680 Meter Höhe der kleine „Lech dl Dragon" (Drachensee), allerdings nur zeitweise. Bekommt dieser Gletscherrandsee nicht genügend Zufuhr an Schmelzwasser, dann versickert er. Wenn die Bewegungen des Gletschers Risse oder Brüche auslösen, dann „kracht" es. Dieses einst unerklärliche Geräusch deuteten die Menschen gemäß der allgemeinen Skepsis gegenüber dem Gebirge: Da kämpfen beim See Drachen gegeneinander und fliegen im Abendrot um die Felsen. Menschen nehmen sie aber nur als Nebelfetzen wahr.

Blickrichtung Südosten
1 Cristallo (3221 m) 2 Grödener Joch (2121 m)
3 Tofana di Rozes (3225 m) 4 Pelmo (3168 m)
5 Piz Boé (3152 m) 6 Marmolata (3343 m)
7 Sellajoch (2240 m) 8 Cimon della Pala (3185 m)

1
2
3
4
5
9

Dolomiten/St. Christina

Die Lage von St. Christina im Grödental gilt als eine der schönsten in den Dolomiten: Im Norden die Geißlerspitzen, im Osten die Sella und im Süden der Langkofel am Rand der Seiser Alpe. Freunde des Skisports verbinden diesen Ort mit der berühmten Weltcup-Piste „Sasslong" (= Langkofel), die aus trügerischer Vogelperspektive nicht als Herausforderung für die weltbesten Abfahrer ausschaut (rechts im Bild).

Eine Rarität ist der „Bahnweg" in St. Christina, der auf 14 Tafeln die ungewöhnliche Geschichte der schmalspurigen „Grödenbahn" erzählt. Sie wurde 1915/16 vorwiegend von russischen Kriegsgefangenen in nur knapp fünf Monaten für den Nachschub an die Dolomitenfront gebaut. Weil die Dampfzüge für 31 Kilometer und 1093 Meter Anstieg von Klausen bis Plan im Talschluss rund 2¼ Stunden benötigten, kam 1960 das Ende. Das bedauern heute Touristiker und Freunde von „Nostalgiebahnen".

Blickrichtung Nordosten
1 Großer Löffler (3378 m) 2 Seceda (2518 m)
3 Große Fermeda (2873 m) 4 Sass Rigais (3025 m)
5 Furchetta (3025 m) 6 Puezspitzen (2918 m, 2913 m)
7 Zehnerspitze (3026 m) 8 St. Christina 9 Wolkenstein

1
2
3

Dolomiten/Villnöß

Wer kennt nicht die klassische Ansichtskarte aus Südtirol: ein altes Kirchlein und ein paar Bauernhöfe im goldenen Glanz des Herbstes oder dick in Schnee verpackt und dahinter schroffe Dolomitenwände. Dieses klassische Foto aus Südtirol zeigt St. Magdalena im hintersten Villnöß (rechts), überragt von beiden Dreitausendern der Geißlerspitzen, dem Sass Rigais und der Furchetta. In Villnöß und parallel dazu im Aferer Tal (links) brechen die westlichen Dolomiten in senkrechten Nordwänden ab. Den Kontrast dazu bildet die sanfte Kuppe der Plose (links) mit ihren Almböden. Beide Täler dokumentieren auch, wie klug die Bergbauern ihre Region wirtschaftlich nutzten: auf den besonnten Nordflanken Landwirtschaft, auf den schattigen Südflanken aber Waldwirtschaft.

Blickrichtung Südosten
1 Plose (2562 m) 2 Peitlerkofel (2875 m)
3 Zehnerspitze (3026 m) 4 La Varella (3055 m)
5 Furchetta (3025 m) 6 Sass Rigais (3025 m)
7 Fermeda (2873 m) 8 Villnöß

1
2
3
4
5
6

Dolomiten/Seiser Alpe

Mit 58 Quadratkilometern Fläche auf rund 1900 Meter Höhe ist die Seiser Alpe die größte Europas. Sie diente vorwiegend der Ochsenzucht. Der Geograf Adolf Schaubach rühmte 1845 das „Alpenheu von dieser herrlichen Alpe", das dreimal so viel koste wie jenes von anderen Almen und die Ochsenzucht begünstige. Jährlich verkauften die Seiser Almbauern 600 Schlachtochsen nach Oberitalien.

Bis zum Einsatz von Traktoren ab Mitte der Dreißigerjahre des 20. Jahrhunderts dienten Ochsen allgemein als gutmütige Zugtiere vor Leiterwägen, Pflügen und Eggen. Auch verschafften sie Bergbauern mit Vorspanndienst an den Alpenpässen einen Nebenerwerb. Die Seiser Alpe mit Langkofel und Plattkofel als Hintergrund gehört zu den klassischen Südtiroler Fotomotiven.

Blickrichtung Osten
1 St. Ulrich 2 Piz Boé (3 152 m) 3 Langkofel (3 181 m) 4 Grohmannspitze (3 126 m) 5 Plattkofel (2 969 m) 6 Cimon della Pala (3 185 m) 7 Puflatsch (2 174 m) 8 Kesselkogel (3 004 m) 9 Rosengartenspitze (2 981 m)

1
2
3
4
5
6

Rosengarten

Die Schatten von Wolken heben die beiden Hauptgipfel des Rosengarten vom Hintergrund ab: Rosengartenspitze und Tschierspitze. Der Karerpass (1742 m) trennt den Rosengarten vom Latemar, erschließt aber den Übergang von Bozen in das Fassatal, das auf dem Pordoijoch an der Sella (Piz Boè) endet.

Der zähe Fortschritt beim Bau der Straße über den Karerpass entspricht der späten touristischen Entdeckung der Dolomiten. Der Bau begann 1861, erreichte erst 1884 Welschnofen 8 Kilometer westlich der Passhöhe und wurde schließlich 1896 fertiggestellt. Diese Straße genügte vorerst aber nur dem Bedarf von Fuhrwerken und der Postkutsche. Versteckt im Wald liegt der von unterirdischen Quellen gespeiste Karersee, in dem sich der Latemar spiegelt.

Blickrichtung Nordosten
1 Sass Rigais (3025 m) 2 Rosengartenspitze (2981 m)
3 Tscheinerspitze (2806 m) 4 Piz Boé (3152 m)
5 Rotwand (2806 m) 6 Tofana di Mezzo (3244 m)
7 Marmolata (3343 m) 8 Karerpass (1745 m)
9 Civetta (3220 m)

1
2

Zwergenkönig Laurin

Im Rosengarten herrschte einst Zwergenkönig Laurin über ein Zwergenvolk. Vor seinem unterirdischen Schloss pflegte er einen Rosengarten. Niemand wagte, diese Pracht auch nur anzutasten, weil ihm Laurin sonst die linke Hand und den rechten Fuß abgeschlagen hätte. Mit ihm war nicht zu spaßen, denn ein Zaubergürtel verschaffte ihm die Kraft von zwölf Recken und eine Tarnkappe machte ihn unsichtbar.

Leider fehlte Laurin zum vollkommenen Glück eine Ehefrau. Also entführte er die schöne Königstochter Similde. Alsbald rückten Rächer an und überwältigten Laurin, indem sie ihm den Wundergürtel entrissen. Similde wurde befreit und Laurin beschloss sein Leben in Haft. Doch ehe man ihn abführte, belegte Laurin sein Reich mit einem Zauberbann: Niemand sollte den Rosengarten mehr sehen – weder bei Tag noch bei Nacht. Er vergaß aber die Dämmerung, in der nun das bleiche Kalkgebirge immer noch rosenrot erstrahlt. Von Laurins Rosengarten blieb nur mehr das „Gartl", eine öde Schutthalde.

Blickrichtung Norden

1. Rosengartenspitze (2981 m)
2. Tscheinerspitze (2806 m)
3. Rotwand (2806 m)

Halbmond statt der Gipfelkreuze?

▲ Durch den Klimawandel aperte die Verankerung des Gipfelkreuzes auf dem Großvenediger aus dem harten Firn, weshalb das Kreuz nebenan in den Fels einbetoniert werden musste.

Im September 2006 empörten sich Österreichs Rechtspopulisten lautstark über die Forderung der Muslime an den Alpenverein, alle Gipfelkreuze durch den Halbmond zu ersetzen. Kreuze seien ein „Herrschaftszeichen des Christentums" und daher eine Beleidigung der Muslime. Darin sahen die politischen Rechtsausleger einen Beweis für die Überfremdung Österreichs – und tappten in eine blamable Falle. Eine Wiener Künstlergruppe hatte nämlich mit diesem nur zu offensichtlich gefälschten Brief testen wollen, „wie weit populistische Politiker gehen". Sogar deutsche Zeitungen berichteten ausführlich über diese „Politsatire, über die Österreich lacht".

Das Konzil von Ephesos erhob 431 das Kreuz offiziell zum Zeichen des Christentums, damit es die Menschen beständig an Jesu Tod und Auferstehung erinnere. Deshalb stellen Christen seit Jahrhunderten Kreuze in Friedhöfen, an Feldwegen oder an geheiligten Orten auf. Kreuze am Straßenrand gedenken der Opfer des Verkehrs. Und auf Pässen stehen seit 1108 Kreuze als Zeichen des Schutzes für Pilger und Händler.

Vage Angaben über Gipfelkreuze tauchten in der Literatur erstmals am Ende des 13. Jahrhunderts auf. Dokumentiert ist, dass die Erstbesteiger des Mont Aiguille (2097 m) in Frankreich auf dem Gipfel drei Kreuze aufgestellt haben. Gleiches gilt für ein Kreuz, das 1561 nahe einem ungenannten Gipfel bei Klausen in Südtirol stand.

Der fromme Brauch, Kreuze auf Gipfel zu setzen, begann allerdings erst in der Frühzeit des Alpinismus. So 1799 auf dem Kleinglockner, weil die Besteigung des Großglockner erst 1800 glückte, und 1836 auf dem Dachstein. Reiche Bayern errichteten 1851 auf der Zugspitze (2962 m) sogar ein vergoldetes Kreuz. Von diesem Beispiel angeregt, bauten die Mühlbacher Bergknappen 1865 auf dem Hochkönig (2941 m) eine kleine gemauerte Hütte, weil ein Gipfelkreuz „viel Geld kostet und wenig Nutzen schafft".

Heute tragen unzählige Gipfel Kreuze und vor etlichen stehen roh gezimmerte Altartische, um die sich Gläubige zu Bergmessen versammeln. Die Inschriften an Gipfelkreuzen entschlüsseln auch ihren Sinn: Lobpreis Gottes, Erinnerung an verunglückte, verstorbene oder im Krieg gefallene Bergsteiger, Begeisterung für ein schönes Stück Heimat oder Dankbarkeit an den Schöpfer der herrlichen Bergwelt.

Großwallfahrten überwinden das Hochgebirge

Seit dem frühen Mittelalter unternahmen Menschen aus dem nördlichen Mitteleuropa ungemein mühsame und gefährliche Pilgerreisen über die Alpen nach Rom oder gar Jerusalem. Und bis heute pilgern Menschen zu geheiligten Plätzen, um Schutz zu erbitten oder für Hilfe zu danken. Deshalb sind Votivtafeln in Wallfahrtskirchen Lexika menschlicher Sorgen und Dankbarkeit. Welche Härten Wallfahrer auf sich nahmen, lassen die drei bis heute üblichen Pilgerzüge über das Hochgebirge erahnen.

Mitteleuropas älteste transalpine Wallfahrt führt seit der ersten Pestepidemie im 14. Jahrhundert von Maria Alm im Pinzgau in gut zehn Stunden über 1400 Höhenmeter Anstieg und 32 Kilometer Distanz in zwei Etappen über das Steinerne Meer (2203 m) nach St. Bartholomä am Königssee. Ursprünglich war das nur Zwischenstation auf dem noch um 18 Kilometer und 300 Höhenmeter längeren Weg zur Madonna auf dem Dürrnberg bei Hallein. Als die Pest zu Beginn des 17. Jahrhunderts den Pinzgau abermals heimsuchte, gelobten die Menschen, diesen Bittgang über den Karst alljährlich am Wochenende vor oder nach dem Bartholomäustag (24. August) auf sich zu nehmen – wenn sie nur von der Pest verschont blieben. 1688 ertranken 71 Pilger im Königssee, weil ihr Boot in einem Gewitter gekentert war. In jüngster Zeit beteiligen sich bis zu 2000 Pilger an diesem beschwerlichen Bittgang.

Für Schutz vor dem Pestzug Mitte des 15. Jahrhunderts gelobten auch die Gadertaler Wallfahrten über

▲ Die Gadertaler unter den Nordabstürzen der Geißlerspitzen auf dem höchsten Punkt ihres langen Pilgerweges nach Säben.

▲ Pinzgauer Wallfahrt von Ferleiten über die Großglockner-Hochalpenstraße und das Hochtor nach Heiligenblut.

das Kreuzjoch (2293 m) und durch das Villnößtal zum „Heiligen Berg" Säben, 214 Meter hoch über Klausen im Etschtal. Daraus entwickelte sich alle drei Jahre der Bittgang von bis zu 1000 Männern. In drei Etappen bewältigen diese Wallfahrer rund 120 Kilometer und 2000 Höhenmeter.

Nicht minder anspruchsvoll ist die dritte dieser Großwallfahrten vom Pinzgau über das Hochtor (2575 m) nach Heiligenblut, wo nach der Legende einige Tropfen des Blutes Jesu aufbewahrt werden. Pinzgauer gelobten diese Wallfahrt im 16. Jahrhundert, damit ihre Haustiere vor Wölfen und Luchsen geschützt würden, aber auch, um einen guten Ehepartner und eine leichte Geburt zu erbitten. Heute nehmen bis zu 5000 Menschen an dieser mindestens achtstündigen Wallfahrt Ende Juni über 1600 Höhenmeter und 29 Kilometer teil. Ein Gedenkstein nahe dem Mittertörl erinnert daran, dass 1683 neun Wallfahrer in einem schweren Schneesturm erfroren.

Im März 1796 wichen österreichische Truppen vor Napoleon aus der Poebene zurück. Die Brigade Dietrich wählte den vermeintlich kürzesten Weg von Bozen über das Hochtor, geriet dort aber in einen schweren Schneesturm, in dem 56 von 3287 Soldaten umkamen.

Bräuche – Steine im Mosaik Europa

„An Fried, an Reim, an Gsund!" Nach altem Brauch wünschen das die Menschen in den Salzburger Gebirgstälern einander zum Jahreswechsel. Der „Fried" – keinen Krieg, keinen Konflikt in der Dorfgemeinschaft, keinen Zwist in den Familien. Der „Reim" – Glück in allem und kein Unglück wie Hunger, Blitzschlag, Hochwasser, Muren, Unfälle und Tod. Der „Gsund" – Menschen und Haustiere sollen gesund und leistungsfähig bleiben.

Dieser Neujahreswunsch schließt alles ein, was den Sinn der Bräuche (nicht nur) in den Alpen ausmacht. Das Wort stammt vom althochdeutschen Begriff für „Nutzen" – „Bruh". Bräuche sollen somit einer Gemeinschaft nützen – etwa durch Nachbarschaftshilfe. So wollen „Lärmbräuche" den Winter vertreiben, die Naturkräfte wecken oder Geister abschrecken. Ebenso legen Bräuche seit Jahrhunderten „Gebräuchliches" als ungeschriebene Verhaltensregeln und somit einen Ordnungsrahmen fest – etwa gemäß dem biblischen Buch Tobit: „Mute niemandem zu, das du nicht willst, dass man es dir zumutet." Diese Ordnung sichert den Bestand einer überschaubaren Gemeinschaft. Wer dagegen verstößt, den trifft „außergerichtlich" soziale Ächtung.

Die Ordnung in einer Gemeinschaft braucht Rituale, die den Zweck von Bräuchen sinnfällig machen. Das sind religiöse Zeremonien um Taufe, Hochzeit oder Begräbnis genauso wie einst übliche „Vertragsabschlüsse" durch Handschlag beim Kauf eines Rindes oder beim Einstellen von Gesinde.

◀ Mit „Lärmbräuchen" vertrieben Menschen einst den Winter und weckten zugleich die Natur, damit das Wachstum beginne. Lärm sollte auch böse Geister abschrecken. Einen herausragenden „Lärmbrauch" pflegt man in Nassereith mit dem „Schellerlauf".

Bräuche stiften Identität und Zusammenhalt einer Gemeinschaft. Daher bestehen in den Alpentälern auch unterschiedliche Trachten, Dialekte und Haustypen oder verschiedene Uniformen für die Blasmusik, die Festen innerhalb der Gemeinschaft Bedeutung verschaffen. Mit Tracht und Dialekt unter scheiden sich Gemeinschaften voneinander, selbst

▲ Zum Schutz der Ernten vor Unwettern errichteten die Menschen einst Wetterkreuze auf Feldern und Äckern. Jene ausnehmend großen im Lungau tragen alle Gegenstände, die Jesu Leidensgeschichte erwähnt: Nägel, Geißel, Dornenkrone, Schwamm am Stiel (womit dem Gekreuzigten Essig gereicht wurde, als er „mich dürstet" rief), Würfel (mit denen die Wachsoldaten um Jesu Mantel spielten), Kelch des Leidens (das Jesus auf sich nahm), Hahn (Petrus verleugnete Jesus, „ehe der Hahn dreimal krähte") und die Lanze, die ein Soldat in Jesu Seite stieß, um seinen Tod festzustellen. Die Kirche bezeichnete diese Gegenstände als „Waffen Christi", weil er mit der Auferstehung den Tod besiegt hatte.

wenn die „gebräuchlichen" Verhaltensregeln gleich sind. Allerdings übersieht die häufige Klage, dass Bräuche ihren Sinn verloren hätten, dass sie immer noch Identität und Integration stiften. Das erklärt auch, warum Bräuche gerade auf dem Land der städtischen Anonymität widerstehen.

Bräuche dokumentieren authentische Volkskultur, zu der auch Volksmusik, Hausmusik und Kirchenchöre zählen. Den kulturellen Wert der Volksmusik unterstreicht die Tatsache, dass sich die „volkstümliche Musik" gerne als „Volksmusik" ausgibt. Den Rahmen der Bräuche bildet die Heimat. Was immer man darunter (miss)verstehen mag – „Heimweh" verhilft zur Definition.

Die technische Erleichterung des Lebens und mehr noch die Globalisierung durchsetzt die „Muttersprache" mit Anglizismen. Gerade deshalb gewinnen Bräuche wieder an lokaler Bedeutung: Selbst wenn sie zur „Show" für Gäste werden – sie unterstreichen den Willen, in einer globalisierten Welt die soziale und kulturelle Eigenart zu wahren. Dann allerdings können „Grüß Gott" mit „Servus" und „Tschüss" ebenso koexistieren wie „cool" mit „liab", „Coffee to go" mit „Häferlkaffee", „Songs" mit „dahoam is dahoam" oder Laptop mit Lederhose. Es kommt nämlich auf einen kleinen, aber entscheidenden Unterschied an, der das Mosaik der kulturellen Vielfalt Europas ausmacht: statt schnell verwelkender Mode der Wert von „an Fried, an Reim, an Gsund".

▶ In der Säkularisation wurde der alte Brauch verboten, bei Prozessionen biblische Figuren wie den Riesen Samson mitzuführen. Im Lungau lebt er aber in Form von fröhlichen Umzügen weiter.

Erstbesteigungen 1610–1879

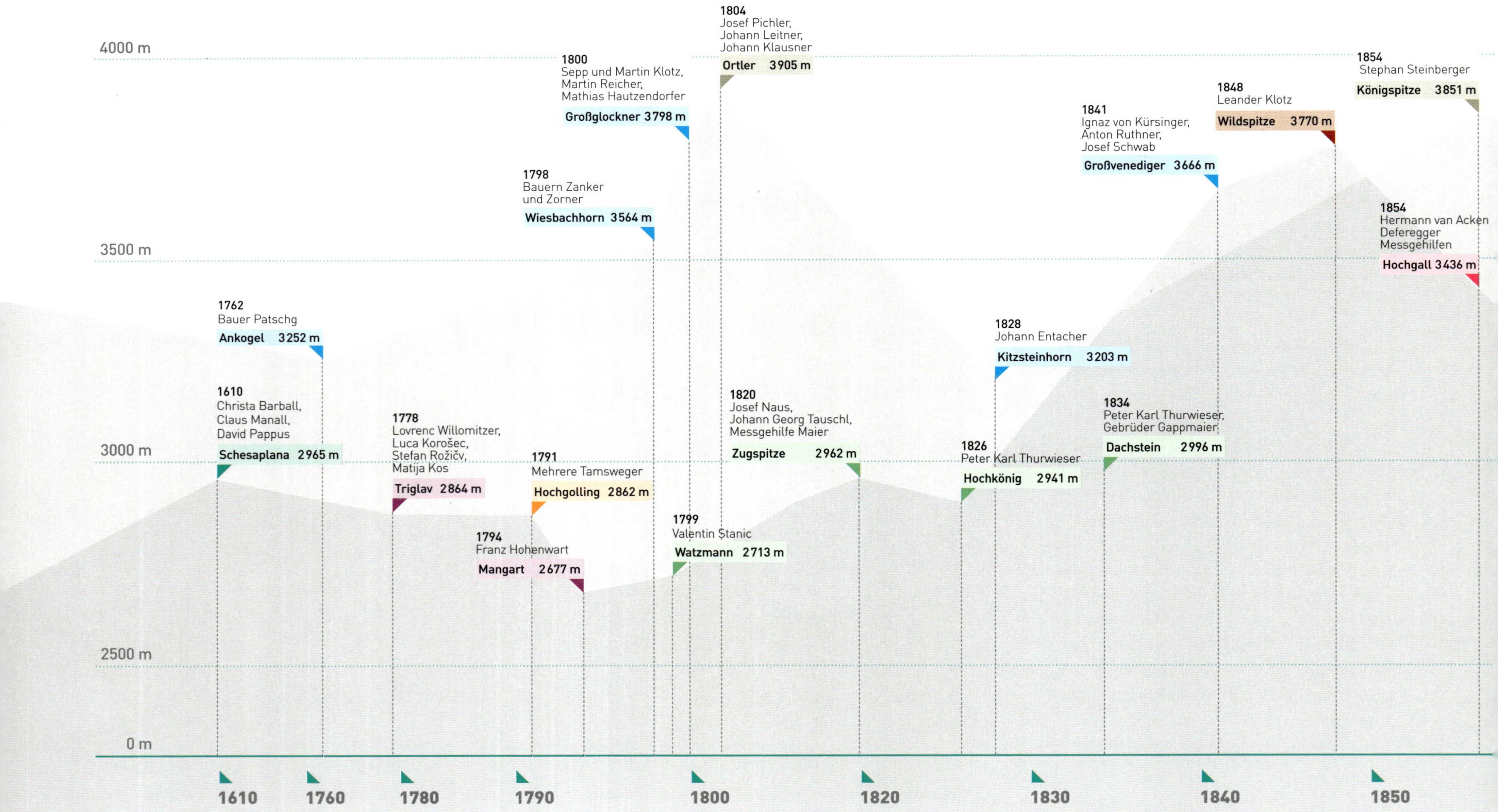

Erstbesteigung bedeutender Gipfel

Bis 1880 war die Erstbesteigung der bedeutendsten Ostalpengipfel geglückt. Die Geschichte der alpinistischen Frühzeit zeigt, dass die „Entdeckung" der Dolomiten ab 1856 eine Wende vom Bergsteigen zum Klettern einleitete. „Führerlose Bergsteiger" erschlossen mit „turnerischem Klettern" zunehmend schwierige Routen. Vier Erstbesteigungen zwischen 1820 und 1858 führten militärische Geodäten durch, weil den Generalstäblern die bestehenden Landkarten nicht genügten oder die Obrigkeit genauerer Karten bedurfte, damit der Fiskus besseren Zugriff auf die Steuerpflichtigen bekäme.

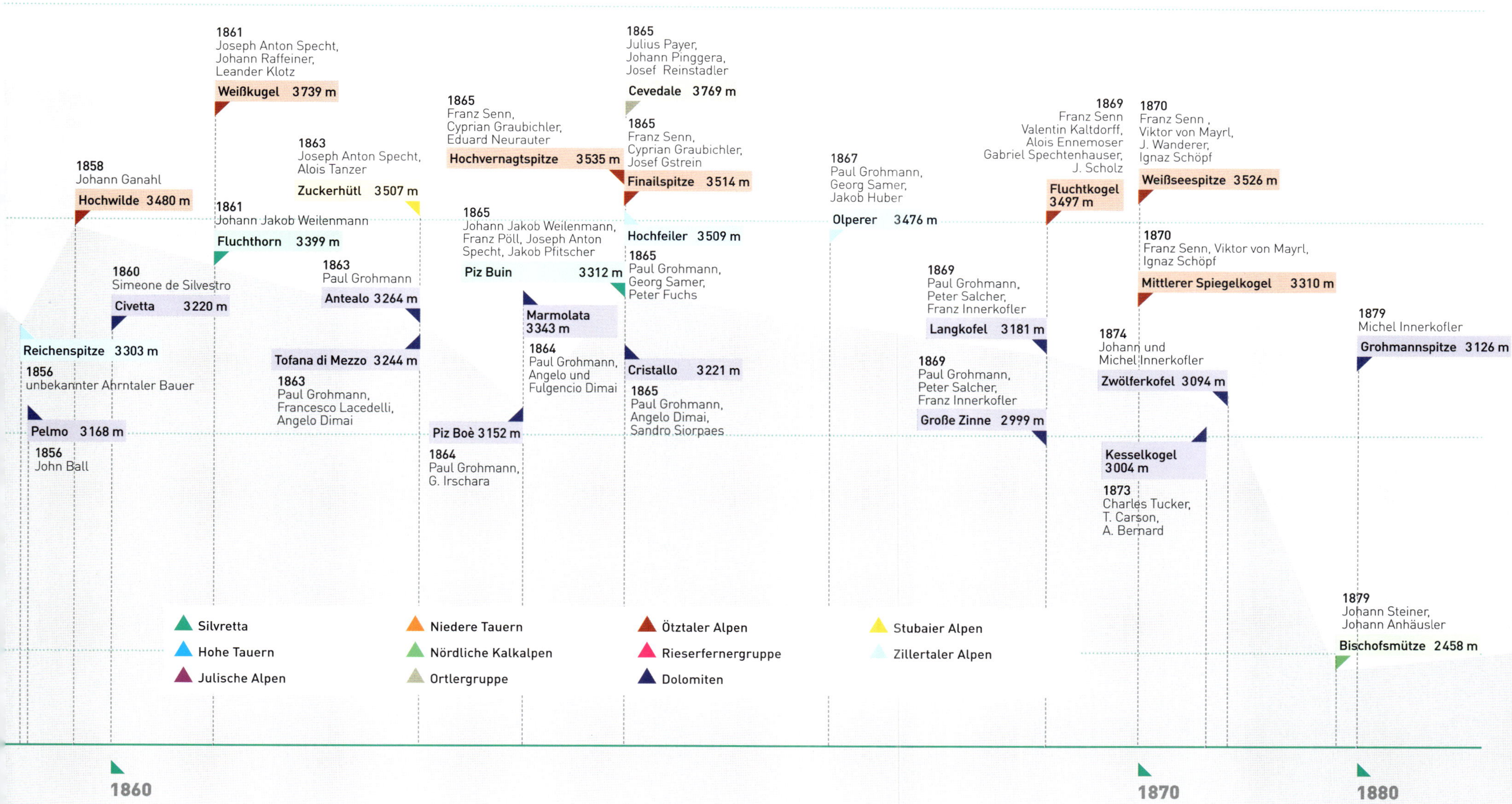

Bildquellen

Alpenwelt Verlag: Alle Panoramabilder
Eggental Tourismus/Valentin Pardeller: Titelbild, 3, 164/165
Clemens M. Hutter: 7, 25, 27, 37 rechts, 38 rechts, 39 oben, 45, 69, 99, 105 rechts, 167 rechts, 168 rechts, 169
Khevenhüller-Chronik: 8
Stadtarchiv Schwaz: 9, 57
Gerald Lehner: 29/30
Bayerische Staatsbibliothek München, Rar. 325 a: Theuerdank (1517): 36 links
Polizeipräsidium Innsbruck: 36 rechts
J. J. Scheuchzer, Itinera per Helvetiae Alpines, 1711: 37 links
Klaus Madersbacher: 38 links
Gemeindeamt Pettnau/Tirol: 39 unten
Vorarlberger Illwerke: 41
Land und Leute, Jahrgang 1865: 42
Archiv Heinz Kröll: 43
Marktgemeinde Kaprun: 62
US-Library of Congress: 63
Kürsinger, Ober-Pinzgau, 1841: 64
Quelle unbekannt: 65 links
Emil Zsigmondy, Gefahren der Alpen: 65 rechts
Kürsinger/Spitaler, Der Großvenediger, 1843: 68
Tourismusverein Schnalstal: 89
British Museum: 98
Tourismusverband Rauris: 100 links
Wilhelm Schaup, Altsalzburger Photographien, 1967: 100 rechts
R. Gulen: 101 links
Salzburg AG: 101 rechts
Archiv Krings: 103, 105 links
Archiv der Österreichischen Post AG: 104 rechts
Großglockner Hochalpenstraßen AG: 102
Bezirksarchiv Zell am See: 104 links
Heinz Slupetzky, September 1991: 124/125
Belsazar Hacquet: 125 rechts
Joseph Walcher, Nachrichten von den Eisbergen n Tyrol, 1773: 134
Wiener Blätter, 1930: 135
Geographisches Institut der Universität Innsbruck: 136
Bergrettungsdienst Prägraten: 166
Istitut Ladin „Micurà de Rü": 167 links
Fasnachtskomitee Nassereith: 168 links
Susanne Zerbs: 172/173

ALPENWELT
VERLAG

www.alpenwelt-verlag.com

Siegfried Hetz
Erlebnis Salzburger Land: Flachgau
11,5 x 18 cm, 192 S., € 21,–
ISBN 978-3-7025-0629-2

Siegfried Hetz
Erlebnis Salzburger Land: Pinzgau
11,5 x 18 cm, 208 S., € 21,–
ISBN 978-3-7025-0643-8

Siegfried Hetz
Erlebnis Salzburger Land: Lungau
11,5 x 18 cm, 192 S., € 21,–
ISBN 978-3-7025-0655-1

Siegfried Hetz
Erlebnis Salzburger Land: Pongau
11,5 x 18 cm, 192 S., € 21,–
ISBN 978-3-7025-0671-1

Siegfried Hetz
Erlebnis Salzburger Land: Tennengau
11,5 x 18 cm, 192 S., € 21,–
ISBN 978-3-7025-0686-5

Thomas Neuhold
100 Tagesrundtouren
11,5 x 18 cm, 224 S., € 22,–
ISBN 978-3-7025-0673-5

Tatjana Rasbortschan
75 Lehrwege und Erlebnispfade
11,5 x 18 cm, 216 S., € 22,–
ISBN 978-3-7025-0707-7

Clemens M. Hutter
Wanderatlas
11,5 x 18 cm, 336 S., € 22,–
ISBN 978-3-7025-0619-3

Christine Hlatky, Michael Hlatky
Bergwandern mit Hund
11,5 x 18 cm, 192 S., € 22,–
ISBN 978-3-7025-0709-1

Clemens M. Hutter, Thomas Neuhold
Skitourenatlas
11,5 x 18 cm, 288 S., € 22,–
ISBN 978-3-7025-0636-0

Herbert Gschwendtner
Erlebnis Großglockner Hochalpenstraße
21 x 24 cm, 144 S., € 24,–
ISBN 978-3-7025-0674-2

Herbert Raffalt
Tauernhöhenweg
21 x 24 cm, 160 S., € 25,–
ISBN 978-3-7025-0705-3

Albert Precht
Nach oben. Nach oben. Nach oben.
21 x 24 cm, 160 S., € 25,–
ISBN 978-3-7025-0706-0

Gerhard Karl Lieb, Heinz Slupetzky
Die Pasterze
21 x 24 cm, 160 S., € 24,–
ISBN 978-3-7025-0652-0

B. Hell, W. Seitter, E. Wallnöfer, P.M. Kubelka
Untersberg
21 x 24 cm, 160 S., € 25,–
ISBN 978-3-7025-0669-8